二十一世纪"双一流"建设系列精品教材

保险统计学实验教程

**Baoxian Tongjixue
Shiyan Jiaocheng**

殷崔红 编著

西南财经大学出版社

中国·成都

图书在版编目（CIP）数据

保险统计学实验教程/殷崔红编著.—成都:西南财经大学出版社,2023.6
ISBN 978-7-5504-5814-7

Ⅰ.①保…　Ⅱ.①殷…　Ⅲ.①保险统计—实验—高等学校—教材
Ⅳ.①F222.39-33

中国国家版本馆 CIP 数据核字（2023）第 100240 号

保险统计学实验教程

殷崔红　编著

责任编辑:何春梅

责任校对:周晓琬

封面设计:墨创文化

责任印制:朱曼丽

出版发行	西南财经大学出版社（四川省成都市光华村街 55 号）
网　　址	http://cbs.swufe.edu.cn
电子邮件	bookcj@swufe.edu.cn
邮政编码	610074
电　　话	028-87353785
照　　排	四川胜翔数码印务设计有限公司
印　　刷	四川五洲彩印有限责任公司
成品尺寸	185mm×260mm
印　　张	12
字　　数	256 千字
版　　次	2023 年 6 月第 1 版
印　　次	2023 年 6 月第 1 次印刷
印　　数	1— 2000 册
书　　号	ISBN 978-7-5504-5814-7
定　　价	29.80 元

前　言

为贯彻落实《中共中央关于认真学习宣传贯彻党的二十大精神的决定》，推动党的二十大精神进教材、进课堂、进头脑，编者积极参加学校组织的专题学习会、座谈会等，明确了教材是学校教育教学、落实立德树人根本任务的关键要素，是国家意志和社会主义核心价值观的集中体现，是解决"培养什么人，怎样培养人，为谁培养人"这一根本问题的核心载体。推进党的二十大精神进教材，事关为党育人、为国育才，事关广大学生成长成才，事关全面建设社会主义现代化国家的大局。因此在本书的编写过程中，编者始终以高度的政治责任感、使命感组织各章节内容，责无旁贷地肩负起贯彻落实党的二十大精神的光荣使命，积极推进师生始终在思想上政治上行动上同以习近平同志为核心的党中央保持高度一致，为书写中国新型高等教育的光辉篇章添砖加瓦。

为明确"培养什么人"的问题，编者于 2019 年主持了校级教育教学改革项目——"企业需求与高校人才培养的协调路径探究"。在项目进行的过程中，编者通过与保险行业实务专家和相关单位负责人的交流发现：科技发展为保险业带来了新的挑战，保险与科技的结合已成为行业发展新动能，"保险+科技"形式已成为业内发展常态，因此行业对保险科技人才青睐有加。

为明确"怎么培养人"的问题，我校金融学院与英国精算师协会有长期的合作，在精算师考试中有多门相互认证课程，其中包括概率论与数理统计课程。自 2019 年开始，英国精算师考试将概率论与数理统计考试分为笔试和上机两部分，即 CS1A 和 CS1B，主要利用 R 软件进行保险数据的统计分析、绘图和参数估计等。为确保我校的教学水平与国际前沿相一致，以及顺应保险与科技相结合这一新需求，开展和完善保险统计学的实验教学已刻不容缓。

国内外已出版多种适合不同授课对象、不同专业、不同层次、不同学时的统计学实验教材，但是以保险数据为背景的却极少，因此在授课过程中学生很难将统计方法和保险问题上机实践相结合。为保证教学效果，很多时候教师只能自己查阅资料后补充相关保险实例，这使得学生需要大量记笔记，给学习造成不便。为方便教师开展实验教学，便于学生学习，出版一本适应保险专业本科生教学实践需求的"保险统计学实验"类教材势在必行。本教材的编写就是在这种情况下展开的。

统计学是保险专业本科生的基础必修课。从 2016 年起编者开始担任保险专业统计学的教学工作，因没有找到一本基于保险数据为背景的实验教材，平时在教学过程中一直是翻阅国内外线上线下的保险数据案例，准备授课内容。编者在教学过程中反复修改和整理教学内容，发现问题，及时纠正，逐步丰富内容。经过多年教学实践的积累，教学讲义日渐完善，本教材就是在这些讲义的基础上编写而成的。

《保险统计学实验教程》是专门为保险专业本科生的实验课程编写的教材，也可作为统计学课程的配套教材使用。本教材按照我国保险体系的运行现状和特点，运用 R 软件对保险行业中现实问题做翔实的研究和分析。其主要分析索赔次数、索赔额度、累积索赔额度的分布拟合，以及零膨胀、免赔额和赔付限额等问题对参数估计和各类检验的影响，采用 R 软件开展统计图、描述性统计分析、简单相关与线性回归分析、总体均值的区间估计等统计学实验。

本教材结构合理，内容编排全面，涵盖了必要的理论知识和保险应用实例。本教材注重理论分析和背景实践结合，具有系统性、一致性和可扩展性。本教材可作为高等财经院校保险专业本科生或硕士研究生的实验教材，也可作为保险会计、精算和社会保险及其他相关专业师生或专业技术人员学习统计学的实验参考书。

本书在编写过程中得到了各位领导和同事的支持，在此致以诚挚的谢意。感谢中央高校教育教学改革专项的资助，同时感谢西南财经大学出版社相关编辑老师，他们的辛勤劳动使本书得以顺利出版。

殷崔红

2023 年 3 月于成都

目　录

1 软件介绍

1.1 R 语言基础

R 语言是用于统计分析、数据绘图的一种语言和操作环境。它是一个自由、免费、开源的软件，是一种用于统计计算和数据建模的优秀工具。

R 语言最初由来自新西兰奥克兰大学的 Ross Ihaka 和 Robert Gentleman 开发（也因此称为 R），现在由 "R 开发核心团队" 负责开发。R 是基于 S 语言的一个 GNU 项目，所以也可以当作 S 语言的一种实现，通常用 S 语言编写的代码都可以不做修改地在 R 环境下运行。

1.1.1 软件的安装

使用 R 语言之前，需要安装两个软件。

1. R 的下载和安装

以 Windows 操作系统为例。R 的主网站在 https://www.r-project.org/。从 CRAN 的镜像网站下载软件，其中一个镜像如 http://mirror.bjtu.edu.cn/cran/。选 "Download R for Windows-base-Download R 4.2.2 for windows"（4.2.2 是版本号，一般选择网站上给出的最新版本）链接进行下载。在 "Download R for Windows" 链接的页面，除了 base 为 R 的安装程序，还有 contrib 为 R 附加的扩展软件包下载链接（一般不需要从这里下载），以及 Rtools 链接，是在 R 中调用 C、C++和 Fortran 程序代码时需要用的编译工具。

下载官方的 R 软件后按提示安装。安装后获得一个桌面快捷方式，如 "R i386 4.2.2"。如果是 64 位操作系统，可以同时安装 32 位版本和 64 位版本。

2. Rsudio 的下载与安装

RStudio（https://www.rstudio.com/）是功能更强的一个 R 图形界面，在安装好 R 的官方版本后安装 RStudio 可以更方便地使用 R。请注意，必须已安装 R 才能使用 RStudio。Rstudio 界面简单地分为四个窗口，分别是程序编辑窗口，工作空间与历史信息，程序运行与输出窗口（Console），画图和软件包帮助窗口。

谢益辉，RStudio 软件工程师，中国人民大学统计学院本科及硕士优秀毕业生，美国爱荷华州立大学统计学博士，主要研究兴趣为统计计算与数据可视化领域。

2006 年创建中国著名的统计学在线社区——统计之都（http://cos.name）。2008 年组织发起中国 R 语言会议，同时也是多个 R 包的作者，例如 knitr、formatR、cranvas 和 animation 等，其编写的 R 软件包以及基于他的 R 包开发的 R 包在全世界被广泛使用。

1.1.2 R 程序脚本的建立和运行

RStudio 安装后将创建一个桌面快捷方式，R 语言的编写、运行等将在 RStudio 中进行。其控制台的使用类似于 R 的控制台，可以通过 "File" - "New File" - "R Script" 建立程序脚本，然后在程序脚本中编写代码，如果要长久地保存已经编写的程序代码，点击 "Save As" 将另存为一个后缀为 ".R" 的数据文件。如果直接在 "Console" 编写代码，关闭软件后，已编写的代码会消失。如果是打开已有的程序代码，可以通过 "File" - "Open File"，打开后缀为 ".R" 的数据文件即可。

程序编写完成后点击 "Run" 运行程序，结果在 "Console" 中呈现。如果只想运行程序脚本中的某一行代码，只需要将鼠标定位到本行，不必选中此行代码；如果想要运行程序脚本中某一段（多行）代码，需要先选中想要运行的代码行，然后点击 "Run" 运行。

1.1.3 软件包的安装和介绍

R 作为开源项目的优势之一是它众多的免费软件包，从软件包中可获得很多额外的功能和数据。通常，如果想采用 R 语言实现某些操作，默认情况下如果不能实现，那么可能有一个软件包可以实现。在 RStudio 中编写代码 install.packages() 可以完成软件包的安装，例如：install.packages("actuar")，即安装名称为 actuar 的软件包。也可以在 RStudio 中软件包窗口打开 "Packages" - "Install"，安装所需要的软件包，安装完成后在 "Packages" 菜单下可以看到所有已安装的软件包。安装后，可以采用 library（actuar）将软件包加载到当前 R 会话中，这样该软件包即可使用。

关闭 RStudio 后，所有软件包随之关闭，但仍会保留在 "Packages" 中。下次打开 RStudio 时，不必再次安装该软件包，但必须重新调用加载。

1. actuar 包

保险精算学常用软件包 actuar（https://gitlab.com/vigou3/actuar），主要包括精算学中常见的函数和重尾分布，其内容涉及损失分布模型，风险理论和破产理论，复合模型、离散混合模型和复合层次模型的模拟，信度理论。其次，还包括一些支持特殊情形的概率分布：23 个连续重尾分布，泊松逆高斯离散分布，标准离散分布的零截断和零修正，主要用于拟合保险实际中存在零膨胀的损失频率、赔付限额的损失额度。另外还有用于计算破产概率的 phase-type 分布等。

2. insuranceData 包

Alicja Wolny--Dominiak 和 Michal Trzesiok 整理了一些常用于分析保险频率和保险额度建模的数据，这些数据常用于测试一些新的回归模型，如广义线性模型（GLM）、广义线性混合模型（GLMM）、分层广义线性模型（HGLM）、非线性混合模型等。大部分数据集应用于波兰国家科学中心支持的"混合模型在费率厘定中的应用"。

3. raw 包

Brian A. Fannin 一是整理了一些北美非寿险精算师协会（Casualty Actuarial Society）公开的非寿险精算数据，存于 raw 包中，以便于展示 R 语言在精算中的应用。二是其创建了一系列精算软件包 ggplot2、actuar 和 ChainLadder 等，用于非寿险数据的图示，分布建模和未决准备金评估等。文件 https://cran.r-project.org/web/packages/raw/raw.pdf 给出了数据和软件包的简单说明，并结合数据给出例子。

1.2 基本数据类型和储存方式

1.2.1 数据的分类

统计数据分为定性数据（分类数据）与定量数据（数值数据）。定性数据包括分类数据和有序数据。分类数据是指只能归于某一类别的非数字型数据，它是对事物进行分类的结果，用文字表述；有序数据是指归于某一有序类别的非数字型数据。有时分类数据可以采用数值表示，但这些数字没有数学意义。定量数据是具体数字观测值的数据。

1.2.2 车险数据的类别

导入软件包 library(insuranceData)，查看其中的一组数据集 data("dataCar")，数据类型将在 1.2.3 中详细介绍。

代码 1-1　查看数据的类型和变量个数

```
# mode()函数查看数据的存储类型
mode(dataCar)
```
[1] "list"

```
#查看变量个数
length(dataCar)
```
[1] 11

```
#查看变量名称
names(dataCar)
```
[1] "veh_value" "exposure" "clm" "numclaims" "claimcst0" "veh_body" "veh_age" "gender" "area" "agecat" "X_OBSTAT_"

该数据集取自 2004 年或 2005 年生效的一年期汽车保险，共有 67 856 份保单，其中 4 624 份保单（6.8%）中至少有一项索赔。该数据集共有 11 个变量，其中

"X_OBSTAT_" 意义不明，不作为研究内容，其余变量信息见表1.1。

表1.1　数据集dataCar的变量名称及意义

变量简称	变量全称	变量意义
veh_value	vehicle value, in $ 10,000s	车辆价值 以1万美元为单位。
exposure	0-1	暴露
clm	occurrence of claim (0 = no, 1 = yes)	索赔发生 (0-没有发生,1-发生)
numclaims	number of claims	索赔次数
claimcst0	claim amount (0 if no claim)	索赔额 (无索赔时,索赔额为0)
veh_body	vehicle body	车辆类型
veh_age	age of vehicle： 1 (youngest), 2, 3, 4	车龄 (1,2,3,4)
gender	gender of driver: M, F	驾驶员性别:(男、女)
area	driver's area of residence： A, B, C, D, E, F	驾驶员居住区域: A, B, C, D, E, F
agecat	driver's age category： 1 (youngest), 2, 3, 4, 5, 6	驾驶员年龄类别: 1,2,3,4,5,6

变量veh_ body中的车辆类型分为BUS（客车），CONVT（convertible，敞篷车），COUPE（轿跑车），HBACK（hatchback，掀背车），HDTOP（hardtop，硬顶车），MCARA（motorized caravan，机动大篷车），MIBUS（minibus，小型客车），PANVN（panel van，平板车），RDSTR（roadster，跑车），SEDAN（轿车），STNWG（station wagon，旅行车），TRUCK（卡车。），UTE（utility，公用车）。

为进一步查看数据的具体信息，可以选取部分数据查看。该组车险数据部分数据的具体信息见表1.2。在R语言中，不同类型的数据的选取方式也不同，详细介绍在1.2.3节。

代码1-2　数据集dataCar部分数据的查看

```
#查看数据的结构
class( dataCar)
```

[1] "data.frame"

```
##数据框中数据的查看,只取第10到20行
dataCar[ 10;20, ]
```

[1] 见表1.2

表 1.2 车险部分数据信息表

序号	veh_value	exposure	clm	num claims	claimcst0	veh_body	veh_age	gender	area	agecat
10	0.38	0.520	0	0	0	HBACK	4	F	B	4
11	1.38	0.854	0	0	0	HBACK	2	M	A	2
12	1.22	0.854	0	0	0	HBACK	3	M	C	4
13	1	0.493	0	0	0	HBACK	2	F	C	4
14	7.04	0.315	0	0	0	STNWG	1	M	A	5
15	1.66	0.485	1	1	669.51	SEDAN	3	M	B	6
16	2.35	0.392	0	0	0	SEDAN	2	M	C	4
17	1.51	0.994	1	1	806.61	SEDAN	3	F	F	4
18	0.76	0.539	1	1	401.806	HBACK	3	M	C	4
19	0.27	0.452	0	0	0	HBACK	4	F	D	2
20	0.89	0.594	0	0	0	HBACK	3	F	C	3

变量 veh_body，gender，area 采用文本表示，依据状况不同而分类，属于"非数字型数据"，类别之间不存在排序，属于"分类数据"；变量 clm 虽然用数值表示，但数字没有实际意义，因此它也被视为"分类数据"；驾驶员年龄类别 agecat，按年龄大小排列，属于"归于某一有序类别"，属于分类数据中的"有序数据"。

veh_value，exposure，numclaims，claimcst0，veh_age，属于"具体数字观测值的数据"，是"定量数据"。

1.2.3 数据结构

R 语言中最基本数据类型主要有三种：数字、逻辑和文本。逻辑类型在许多其他编程语言中常称为布尔型（Boolean），取值只有 TRUE 和 FALSE，其可以转化为无实际意义的数字来表示，变量 clm 即为逻辑型数据。数字一般用来表达数值数据。文本就是其他语言中常出现的字符串（String），常用双引号包含。在 R 语言中，文本既可以用单引号包含，也可以用双引号包含。

将各种不同类型的数据存储于 R 语言中，为后续分析做准备。在 R 语言中存储的数据按对象类型分为以下 6 种：向量（vector）、列表（list）、矩阵（matrix）、数组（array）、因子（factor）和数据框（data. frame），不同的类型其存储的格式、引用的方式等都不同，下面详细给出解释和说明。

1. 向量

在 R 语言中，最常见的创建向量的方法是使用 c（）函数，它是"combine"的缩写。顾名思义，它组合了以逗号分隔的元素列表。向量一般采用小写英文字母表示。单个数字仍然是一个向量。

代码 1-3　向量的创建和元素的个数

```
#向量的建立
a<-c( )#向量初始化,给出空向量
a
```

NULL

```
#通过赋值创建向量,向量内元素类型应一致!
a<- c(1, 3, 5, 7, 8, 9)
a
```

[1] 1 3 5 7 8 9

```
#向量长度
length( a)
```

[1] 6

```
#向量元素的选取
a[1]
```

[1] 1

```
#is.vector( )判断数据是否为向量
is.vector( a[1])
```

[1] TRUE

向量的元素通过标号表示，标号在［ ］中从 1 开始，输出指示［1］表示向量的第一个元素，如代码 1-3 中 a［1］返回第一个元素。向量中部分元素的表示还有一些其他常见形式，见表 1.3。

表 1.3　向量元素的常见表达

向量表达	意义
$a[i]$	第 i 个元素
$a[-i]$	除第 i 个之外的所有元素
$a[1:k]$	前 k 个元素
$a[(length(a)-k):length(a)]$	最后 k 个元素
$a[c(1,3,5)]$	第 1,3,5 个元素
$a[a>3]$	所有取值大于 3 的元素
$a[a<-2 \mid a>2]$	取值小于 -2 或者大于 2 的元素

注意：向量中的所有元素必须是相同类型，所以 R 在尝试创建组合多种类型元素时会自动强制为单一类型，如 c (42, "Statistics", TRUE)，见代码 1-4。

代码 1-4　向量元素的类型一致

```
b<-c(42, "Statistics", TRUE)
b
```

[1] "42"　　　　　"Statistics"　"TRUE"

```
is.vector(b)
```

[1] TRUE

```
mode(b)
```

[1] "character"

2. 列表

列表是 R 语言的对象集合,可以用来保存不同类型的数据,可以是数字、字符串、向量、另一个列表等,当然还可以包含矩阵和函数。列表是一种一维异构数据结构,每个元素可以包含任何类型的元素。R 语言创建列表使用 list ( ) 函数。

代码 1-5　列表的创建与命名

```
#创建一个包含字符串,数字,向量和逻辑值的列表
list_data <- list("Chengdu", "PHD", c(2,5,1,0), TRUE, 51.23, 119.1)
print(list_data)
```

[[1]]
[1] "Chengdu"
[[2]]
[1] "PHD"
[[3]]
[1] 2 5 1 0
[[4]]
[1] TRUE
[[5]]
[1] 51.23
[[6]]
[1] 119.1

```
#给列表中元素命名
names(list_data) <- c( "city", " insured_education_level", "No. of accidents over the years", "
police_report_available", "injury_claim", "property_claim")
print(list_data)
```

$ city
[1] "Chengdu"
$`insured_education_level`
[1] "PHD"

$ `No. of accidents over the years`
[1] 2 5 1 0
$ police_report_available
[1] TRUE
$ injury_claim
[1] 51. 23
$ property_claim
[1] 119. 1

列表中的元素可以使用索引来访问，标号也是从 1 开始。但注意不同的索引符号得到的结果是不一样的。

代码 1-6　列表元素的访问

```
#返回一个包含第3个元素的列表
list_data [3]
```

$ `No. of accidents over the years`
[1] 2 5 1 0

```
返回列表的第3个元素,但其不是列表
list_data [[3]]
```

[1] 2 5 1 0

```
is.list( list_data [3])#是否为列表
```

[1] TRUE

```
is.list( list_data [[3]]) #是否为列表
```

[1] FALSE

```
# 返回列表的第3个元素,是其原始类型,即向量
is.vector( list_data [[3]])
```

[1] TRUE

由此可以看出在列表中 [[ ]] 与 [ ] 对列表元素的访问是不同的。[ ] 得到的是子列表，而 [[ ]] 得到的是元素的原类型。如果使用 names（）函数命名后，还可以使用对应名称来访问，见代码 1-7。

代码 1-7　子列表的创建

```
#包含第1、2两个元素的子列表。
list_data [1:2]
```

$ city
[1] " Chengdu"
$ `insured_education_level`
[1] "PHD"

```
list_data[c("city", " police_report_available ")]
```

```
list_data $ city
```

```
[1] "Chengdu"
```

列表可以被转换为一个向量,使用 unlist()函数。所有关于向量的访问可以在列表被转换为向量后应用,但注意元素个数的不同,这主要是因为列表中的向量被展开后成为多个不同元素,相应的元素名称也被扩展,见代码1-8。

代码1-8 列表转化为向量

```
v1 <- unlist(list_data)
v1
```

```
city     insured_education_level   No. of accidents over the years1
"Chengdu"        "PHD"                         "2"
No. of accidents over the years2  No. of accidents over the years3  No. of accidents over the years4
"5"                     "1"                          "0"
police_report_available    injury_claim         property_claim
"TRUE"                  "51.23"                 "119.1"
```

```
length(list_data)
```

```
[1] 6
```

```
length(v1)
```

```
[1] 9
```

3. 矩阵

矩阵是包含单一数据类型的行和列。矩阵是二维的,用 ncol 和 nrow 设置矩阵的行数和列数。byrow 设置存储方式(默认按列优先),若为 TRUE 则按行优先。一般采用小写英文字母存储向量,大写英文字母存储矩阵。R 语言的矩阵可以使用 matrix()函数来创建,见代码1-9。

代码1-9 矩阵的创建和命名

```
#给出向量
a = 1:6
#基于向量按列创建矩阵
A = matrix(a, nrow = 2, ncol = 3)
A
```

```
      [,1] [,2] [,3]
[1,]   1    3    5
[2,]   2    4    6
```

```
#基于向量按行创建矩阵
B = matrix(a, nrow = 3, ncol = 2, byrow = TRUE)
print(B)
```

```
       [,1] [,2]
[1,]    1    2
[2,]    3    4
[3,]    5    6
```

```
#dimname 设置行和列的名称,以列表的形式进行输入,list(c(rownames),c(colnames))
# 定义行和列的名称
rownames = c("r1","r2","r3")
colnames = c("c1","c2")
B = matrix(a, nrow = 3, ncol = 2, byrow = TRUE, dimnames = list(rownames, colnames))
B
```

```
   c1 c2
r1  1  2
r2  3  4
r3  5  6
```

由于矩阵是二维的,所以对矩阵元素的访问需要用到两个标号,标号之间以逗号隔开。标号缺失,表示取某行或某列。

代码 1-10　矩阵元素的访问

```
#访问矩阵第 3 行第 2 列的元素。
B[3,2]
```

```
[1] 6
```

```
#以行和列的名称访问矩阵元素
B["r2","c2"]
```

```
[1] 4
```

```
#访问矩阵第 2 列的元素
B[,2]
```

```
r1 r2 r3
 2  4  6
```

```
##查看是否是矩阵
is.matrix(B[,2])
```

```
[1] FALSE
```

```
#查看是否是向量
is.vector(B[,2])
```

```
[1] TRUE
```

由此可以看出,从矩阵中提取的列元素是向量,而不是子矩阵。另外还有一些矩阵的简单变换,见代码 1-11。

代码 1-11   矩阵的转变

```
# as.vector( )函数将矩阵转换为向量,按列进行
b<-as.vector(B)
b
```

[1] 1 3 5 2 4 6

```
#矩阵的转置
t(B)
```

```
   r1  r2  r3
c1  1   3   5
c2  2   4   6
```

4. 数组

数组是一个可以在两个以上的维度存储数据的 R 数据对象，可以认为数组是矩阵的扩展，它将矩阵扩展到 2 维以上。如果给定的数组是 1 维的则相当于向量，2 维的相当于矩阵。R 语言中的数组元素的类型也必须是单一的，可以是数值型，逻辑型，字符型或复数型等。数组的创建使用 array（）函数。

代码 1-12   数组的建立与命名

```
#数组也是基于向量构建,默认维数为 1 维
arr1 <- array(1:24)
print(arr1)
```

[1] 1 2 3 4 5 6 7 8 9 10 11 12 13 14 15 16 17 18 19 20 21 22 23 24

```
#1 维数组不是向量
is.vector( arr1 )
```

[1] FALSE

```
is.array( arr1 )
```

[1] TRUE

```
# dim 设置数组维度,设置为 2 维,即矩阵
arr2 <- array(1:24, dim=c(4,6))
print( arr2 )
```

```
     [,1] [,2] [,3] [,4] [,5] [,6]
[1,]   1    5    9   13   17   21
[2,]   2    6   10   14   18   22
[3,]   3    7   11   15   19   23
[4,]   4    8   12   16   20   24
```

```
#2 维数组是矩阵
is.matrix( arr2 )
```

[1] TRUE

```
is.array( arr2)
```

[1] TRUE

```
#设置为 3 维,维度是 2×3×4 的大小
arr3 <- array(1:24, dim＝c(2,3,4))
print( arr3)
```

```
, , 1
     [ ,1] [ ,2] [ ,3]
[1,]   1    3    5
[2,]   2    4    6


, , 2
     [ ,1] [ ,2] [ ,3]
[1,]   7    9   11
[2,]   8   10   12


, , 3
     [ ,1] [ ,2] [ ,3]
[1,]  13   15   17
[2,]  14   16   18


, , 4
     [ ,1] [ ,2] [ ,3]
[1,]  19   21   23
[2,]  20   22   24
```

```
# dimnames 维度的名称,必须是个列表,默认情况下是不设置名称的。
dim1<-c("A1","A2")
dim2<-c("B1","B2","B3")
dim3<-c("C1","C2","C3","C4")
arr4<-array(1:24, dim＝c(2,3,4), dimnames = list( dim1, dim2, dim3))
print( arr4)
```

```
, , C1
    B1 B2 B3
A1   1  3  5
A2   2  4  6


, , C2
    B1 B2 B3
A1   7  9 11
A2   8 10 12
```

```
, , C3
     B1 B2 B3
A1 13 15 17
A2 14 16 18


, , C4
     B1 B2 B3
A1 19 21 23
A2 20 22 24
```

```
#查看数组的维度
dim( arr4)
```

```
[1] 2 3 4
```

数组是多维数据，其元素的访问类似于矩阵，但比矩阵复杂得多。下面分别给出多种访问形式，结合实际数据来理解数组元素的访问，见代码1-13。

代码1-13 数组元素的访问

```
arr4[1,,] #第一个维度（2维）里的任一个维度都有3×4个元素
```

```
   C1 C2 C3 C4
B1  1  7 13 19
B2  3  9 15 21
B3  5 11 17 23
```

```
arr4[,1,]# 第二个维度（3维）里的任一个维度都有2×4个元素
```

```
   C1 C2 C3 C4
A1  1  7 13 19
A2  2  8 14 20
```

```
arr4[,,1]# 第三个维度（4维）里的任一个维度都有2×3个元素。
```

```
   B1 B2 B3
A1  1  3  5
A2  2  4  6
```

```
arr4[2,1,] #获取第1个维度的第2个水平和第2个维度的第1个水平的所有元素值
```

```
C1 C2 C3 C4
 2  8 14 20
```

```
arr4[2,,1] #获取第1个维度的第2个水平和第3个维度的第1个水平的所有组合元素值
```

```
B1 B2 B3
 2  4  6
```

```
arr4[,2,1] #获取第2个维度第2个水平和第3个维度的第1个水平的所有组合元素值
```

```
A1 A2
```

3 4

```
arr4[2,3,1] # 获取单个元素的值
```

[1] 6

```
arr4["A2","B3","C2"] #通过水平名称的组合来获取元素值
```

[1] 12

5. 因子

当创建带有一列文本数据的框架时，R 将文本视为分类数据并在其上创建因子。它既可以存储整数值也可以存储字符串。因子用于存储不同类别的数据类型，例如人的性别有男和女两个类别，按年龄来分可以分为未成年人和成年人。因子结构的主要目的是用来分类，计算频数和频率，在保险实际中事故是否发生，发生次数和车辆类型等都属于分类数据，可以将其转化为因子再进行分析。在绘图中，将分类数据转化为因子，再将这些数据放入绘制图像的函数中，图像将变得更具有可读性。R 语言创建因子使用 factor（）函数，向量作为输入参数。

代码 1-14 因子的建立

```
#字符串向量
x <- c("男","女","男","男"，"女")
print(is.factor(x))
```

[1] FALSE

```
# factor()函数将向量转换为因子
sex <- factor(x)
print(sex)
```

[1] 男 女 男 男 女
Levels：男 女
#level 中的因子向量,指定各水平值,不指定时由 x 的不同值来求得。

```
print(is.factor(sex))
```

[1] TRUE

```
# ordered:逻辑值,用于指定水平是否有序
sex=factor(c('f', 'm', 'f', 'f', 'm'), levels=c('f','m'),
              labels=c('female', 'male'),ordered=TRUE)
print(sex)
```

[1] female male female female male
Levels：female < male
#这里默认"male",其顺序会优先于"female"

因子和向量的区别是：因子一般存储分类数据，向量一般存储数值数据。有时向量元素也可以是字符型，如代码 1-14 中的向量 x，因子里存的是整型数值对应因

保／险／统／计／学／实／验／教／程

子的类别（levels），不具有数值意义。有时，为简化表示，将分类数据数量化表示，见代码 1-15。

代码 1-15　因子的数量化

```
#查看因子类别
levels( sex)
```

[1] "female" "male"

```
#因子可以转化为整型
sex_0 <- as.integer( sex)
sex_0
```

[1] 1 2 1 1 2

```
is.vector( sex_0)
```

[1] TRUE

可以像访问向量一样，访问因子的元素。访问因子部分元素的过程与向量也很相似。可以借助索引方法或使用逻辑向量来访问因子的元素。

代码 1-16　因子的访问

```
# gl( n, k, length = n * k, labels = seq_len( n) )函数可生成因子
#n：设置 level 的个数
#k：设置每个 level 重复的次数
#length：设置长度
#labels：设置 level 的值
people <- gl( 3, 4, labels = c( "the young", "the middle-aged","the old") )
print( people)
```

[1] the young　the young　the young　the young　　the middle-aged　the middle-aged
[7]　the middle-aged　the middle-aged the old　the old　the old　the old
Levels：the young　the middle-aged the old

```
print( people[4])#访问因子的第四元素
```

[1] the young
Levels：the young　the middle-aged the old

```
print( people[ c( 5, 7) ] ) #访问因子的第五、七元素
```

[1]　the middle-aged　the middle-aged
Levels：the young　the middle-aged the old

```
print( people[-4] ) #访问因子的元素除了第四元素
```

[1] the young　the young the young the middle-aged　the middle-aged　the middle-aged
[7]　the middle-aged the old　the old　the old　the old
Levels：the young　the middle-aged the old

6. 数据框

数据框（Data frame）是 R 语言中主要的数据结构之一，是特殊的二维列表。数据框每列都有一个列名，长度都是相等的，同一列的数据类型需要一致，不同列的数据类型可以不一样。R 语言数据框使用 data.frame（）函数来创建。

代码 1-17　数据框的建立

```
frame_data = data.frame(x = c(1, 3, 5, 7, 9, 1, 3, 5, 7, 9),
                        y = c(rep("Hello", 9), "Goodbye"),
                        z = rep(c(TRUE, FALSE), 5))
print(frame_data)
```

```
    x    y       z
1   1  Hello   TRUE
2   3  Hello  FALSE
3   5  Hello   TRUE
4   7  Hello  FALSE
5   9  Hello   TRUE
6   1  Hello  FALSE
7   3  Hello   TRUE
8   5  Hello  FALSE
9   7  Hello   TRUE
10  9 Goodbye FALSE
```

数据框与矩阵不同，矩阵可以被认为是重新排列成行和列的向量，数据框不需要每个元素都具有相同的数据类型。数据框是向量列表，因此每个向量必须包含相同的数据类型，但不同的向量可以存储不同的数据类型，但必须具有相同的长度。

代码 1-18　数据框各元素长度相等与否的检验

```
all.equal(length(frame_data $ x),length(frame_data $ y),length(frame_data $ z))
```

［1］TRUE

通常可以采用矩阵的形式表述数据框，每一列可以理解为某个变量的取值，每一行可以理解为一次观测，因此数据框也有维数的属性。值得注意的是，返回部分的数据结构有所不同。数据框［索引，索引］返回行列交叉值，是一个数据框；数据框［索引，］返回指定行，是一个数据框；数据框［，索引］返回指定列，为因子或数值。

代码 1-19　数据框的引用

```
#使用下标引用
frame_data[1:4,2:3]## 显示第 1 到第 4 行的第 2 到第 3 列的元素
```

```
        y    z
1 Hello    TRUE
2 Hello FALSE
3 Hello    TRUE
4 Hello FALSE
```

```
#按列表名引用
frame_data $ y
```

［1］"Hello"   "Hello"   "Hello"   "Hello"   "Hello"   "Hello"   "Hello"   "Hello"   "
Hello"   "Goodbye"

```
# head( )返回数据框的前几行,默认情况下是 6。
#查看数据的前两行
head( frame_data,2)
```

```
x   y    z
1 1 Hello    TRUE
2 3 Hello FALSE
```

```
# tail( )返回数据框的最后几行,默认情况下是 6。
#查看数据的后四行
tail( frame_data,4)
```

```
    x   y     z
7   3   Hello   TRUE
8   5   Hello FALSE
9   7   Hello   TRUE
10 9 Goodbye FALSE
```

```
class( frame_data[1:4,2:3])
```

"data.frame"

```
class( frame_data[1,])#返回第 1 行
```

"data.frame"

```
class( frame_data[,1])#返回第 1 列
```

"numeric"

```
# str( )检查数据的结构,并列出每个列变量及其数据类型。
str( frame_data)
```

```
'data.frame ':10 obs. of   3 variables:
  $ x:num   1 3 5 7 9 1 3 5 7 9
  $ y:chr   "Hello" "Hello" "Hello" "Hello" ...
  $ z:logi   TRUE FALSE TRUE FALSE TRUE FALSE ...
```

综上所述，R 语言有五种数据结构类型，不同的数据结构要么是同构的（所有元素都是相同的数据类型），要么是异类的（元素可以是多个数据类型），见表 1.4。

表 1.4　数据结构的类型

维数	同构	异类
1 维	向量	列表
2 维	矩阵	数据框
n 维	数组	

本章代码索引

19

2 描述性统计

2.1 图示

2.1.1 定性数据

【实验原理】对于分类数据，频数和频率常用于汇总不同类别的比重，一般采用条形图和饼图展示不同分类的分布差异。

【实验内容】采用频数、频率和图示等方法分析数据集 dataCar 中的分类数据。

【实验过程】

1. 频数与频率

代码 2-1　频数与频率统计

```
#导入软件包
library( insuranceData)
#查看数据集 dataCar 的类型
is.data.frame(dataCar)
```

```
[1] TRUE
```

```
# 选取其中分类数据--区域
area1 = dataCar $ area
# table( )按区域进行频数统计
area1.freq = table( area1)
area1.freq
```

```
area1
    A      B      C      D      E      F
16312  13341  20540   8173   5912   3578
```

```
#频率统计
table( area1) / nrow( dataCar)
```

```
area1
    A            B            C            D            E            F
0.24039142   0.19660752   0.30269983   0.12044624   0.08712568   0.05272931
```

```
# cbind( )函数可以给出列形式的频数统计
cbind( area1.freq)
```

```
area1.freq
A      16312
B      13341
C      20540
D       8173
E       5912
F       3578
```

2. 条形图

条形图可以提供分类变量或具有有限取值的数值变量的直观视觉。

代码 2-2　条形图

```
# barplot( )基于频数统计画出条形图
barplot( area1.freq)
```

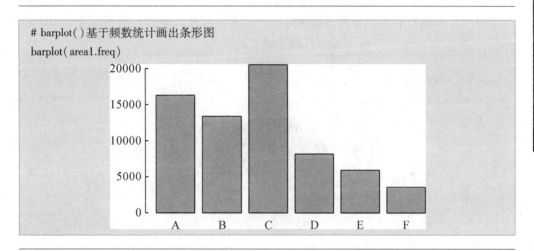

这只是最简单的条形图，除此之外，还可以给条形图加上颜色、坐标以及边线等。

代码 2-3　完善条形图

```
#给条形图加上颜色
barplot( area1.freq,
        xlab    = "Area",
        ylab    = "Frequency",
        col = grey.colors( 6) ,
        border = "black" )
```

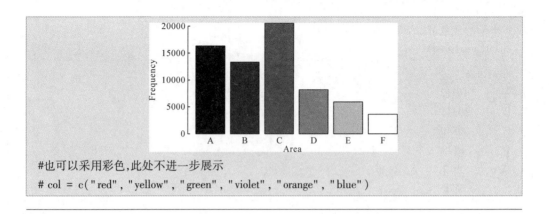

```
#也可以采用彩色,此处不进一步展示
# col = c("red","yellow","green","violet","orange","blue")
```

3. 饼图

饼图（pie chart）是分类数据的另一种直观表达，通过弧度的大小来对比不同分类。饼图将一个圆饼按照分类的占比划分成多个切片，整个圆饼代表数据的总量，每个切片（圆弧）表示该分类占总体的比例，所有切片（圆弧）的加和等于100%。

代码2-4　饼图

```
# pie()基于频数统计画饼图
pie(area1.freq,col = grey.colors(6))
```

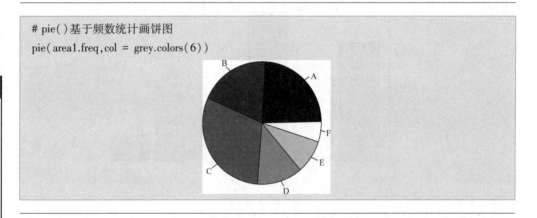

代码2-5　完善的饼图

```
#给饼图定义颜色
piepercent = table(area1) / nrow(dataCar)
pie(area1.freq,labels = paste(round(100 * piepercent),"%"),col = grey.colors(6))
```

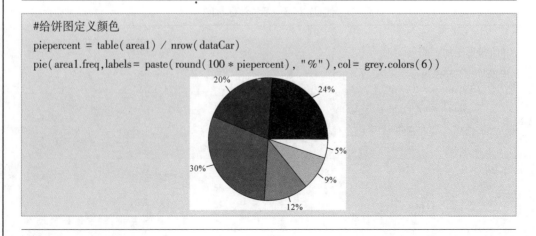

4. 不同指标的分组比较

保险数据需要比较不同类别保单的风险水平，通常比较不同类别的索赔次数和索赔额度，tapply( )可以实现分组比较，见代码2-6。

代码2-6　分组求均值

```
#按区域统计索赔额度的平均值
tapply(dataCar $ claimcst0, dataCar $ area, mean)
```

A	B	C	D	E	F
127.0087	134.5698	139.5184	111.4717	146.9592	224.1351

```
#按区域统计索赔次数的平均值
tapply(dataCar $ numclaims, dataCar $ area, mean)
```

A	B	C	D	E	F
0.07240069	0.07653099	0.07268744	0.06411354	0.06985792	0.08524315

```
#按区域统计索赔次数的最大值
tapply(dataCar $ numclaims, dataCar $ area, max)
```

```
A B C D E F
3 4 3 3 4 3
```

```
#按区域统计索赔次数的最小值
tapply(dataCar $ numclaims, dataCar $ area, min)
```

```
A B C D E F
0 0 0 0 0 0
```

2.1.2　定量数据

【实验原理】数值型数据中的连续数据有时也需要分组分析，可以按区间分组，不同组可以看作不同类别，因此其比较与定性数据类似。

【实验内容】采用频数、频率和图示等方法分析数据集dataCar中的分组数据。

【实验过程】

1. 频数与频率

代码2-7　数据分组与频数汇总

```
#车辆价值为连续变量,将采用车辆价值进行分组,
#提取车辆价值数据
Vehicle_value = dataCar $ veh_value
#查看车辆价值范围
range(Vehicle_value)
```

```
[1]  0.00 34.56
```

```
#设置区间的间断点
breaks = seq(0, 35, by=5)
breaks
```

[1]   0   5 10 15 20 25 30 35

```
#基于间断点切割车辆价值数据
Vehicle_value.cut = cut(Vehicle_value, breaks, right=FALSE)
#分组统计频数
Vehicle_value.freq = table(Vehicle_value.cut)
Vehicle_value.freq
```

Vehicle_value.cut

[0,5)	[5,10)	[10,15)	[15,20)	[20,25)	[25,30)	[30,35)
66407	1371	61	10	6	0	1

```
#按列显示结果
cbind(Vehicle_value.freq)
```

	Vehicle_value.freq
[0,5)	66407
[5,10)	1371
[10,15)	61
[15,20)	10
[20,25)	6
[25,30)	0
[30,35)	1

代码 2-8   连续型数据的频率统计

```
Vehicle_value.relfreq = Vehicle_value.freq / nrow(dataCar)
```

Vehicle_value.cut

[0,5)	[5,10)	[10,15)	[15,20)	[20,25)	[25,30)	[30,35)
$9.786460e-01$	$2.020455e-02$	$8.989625e-04$	$1.473709e-04$	$8.842254e-05$	$0.000000e+00$	

$1.473709e-05$

```
#设置数字位数
old = options(digits=4)
Vehicle_value.relfreq
```

Vehicle_value.cut

[0,5)	[5,10)	[10,15)	[15,20)	[20,25)	[25,30)	[30,35)
$9.786e-01$	$2.020e-02$	$8.990e-04$	$1.474e-04$	$8.842e-05$	$0.000e+00$	$1.474e-05$

```
#频率与频数合并
cbind(Vehicle_value.freq, Vehicle_value.relfreq)
```

	Vehicle_value.freq	Vehicle_value.relfreq
[0,5)	66407	$9.786e-01$
[5,10)	1371	$2.020e-02$
[10,15)	61	$8.990e-04$

$[15,20)$	10	1.474e-04
$[20,25)$	6	8.842e-05
$[25,30)$	0	0.000e+00
$[30,35)$	1	1.474e-05

代码2-9　累积频数统计

```
# cumsum()基于频数统计,计算累积频数
Vehicle_value.cumfreq = cumsum(Vehicle_value.freq)
Vehicle_value.cumfreq
```

$[0,5)$	$[5,10)$	$[10,15)$	$[15,20)$	$[20,25)$	$[25,30)$	$[30,35)$
66407	67778	67839	67849	67855	67855	67856

```
cbind(Vehicle_value.cumfreq)
```

	Vehicle_value.cumfreq
$[0,5)$	66407
$[5,10)$	67778
$[10,15)$	67839
$[15,20)$	67849
$[20,25)$	67855
$[25,30)$	67855
$[30,35)$	67856

代码2-10　累积频数散点图

```
#添加零值
cumfreq0 = c(0, cumsum(Vehicle_value.freq))
#画出断点和累积频数的散点图
plot(breaks, cumfreq0,                # 数据散点图
  main=" 车辆价值的累积频数图",   # 主标题
  xlab=" 车辆价值 ",           # x-axis 标签。
  ylab="累积频数",lwd = 2,font=2,font.lab = 2)   # y-axis 标签
lines(breaks, cumfreq0)           # 添加线
```

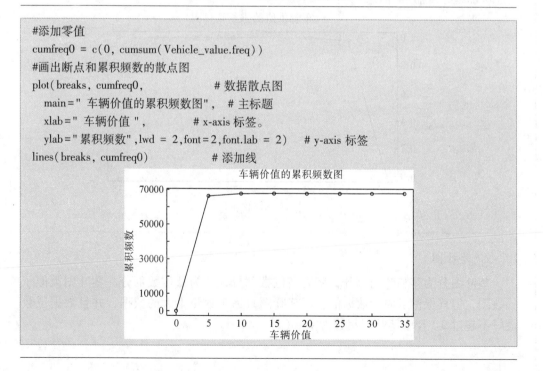

代码 2-11　累积频率

```
# 累积频率
Vehicle_value.cumrelfreq = Vehicle_value.cumfreq / nrow(dataCar)
#累积频数和频率合并表示
cbind(Vehicle_value.cumfreq, Vehicle_value.cumrelfreq)
```

	Vehicle_value.cumfreq	Vehicle_value.cumrelfreq
[0,5)	66407	0.9786
[5,10)	67778	0.9989
[10,15)	67839	0.9997
[15,20)	67849	0.9999
[20,25)	67855	1.0000
[25,30)	67855	1.0000
[30,35)	67856	1.0000

代码 2-12　累积频率散点图

```
cumrelfreq0 = c(0, Vehicle_value.cumrelfreq)
plot(breaks, cumrelfreq0,
main=" 车辆价值的累积频率图",
xlab=" 车辆价值 ",
ylab="累积频率 ",lwd = 2,font=2,font.lab = 2)
lines(breaks, cumrelfreq0)
```

车辆价值的累积频率图

2. 茎叶图

茎叶图分为茎和叶两部分，茎为高位数部分，叶为低位数部分。茎叶图类似于频数图，但其保留了原始数据信息。茎叶图只适于数量不大的数据，并且数据位数最好不超过 3。R 中茎叶图函数为 stem( ).

代码 2-13 茎叶图

```
#向量
a<-c(seq(1,50,2),seq(1,90,3),seq(1,100,5))
#茎叶图
stem(a)
```

```
The decimal point is 1 digit(s) to the right of the |

  0 | 1113456779
  1 | 01133566799
  2 | 1123556789
  3 | 1113456779
  4 | 01133566799
  5 | 12568
  6 | 11467
  7 | 013669
  8 | 12568
  9 | 16
```

3. 直方图

直方图是刻画连续型变量分布的直观图之一，其通过在 x 轴上将值域分割为一定数量的组，在 y 轴上显示相应值的频数，展示了连续型变量的频数分布。

代码 2-14 直方图

```
hist(a, breaks = 10, #指定数据分组
    freq = TRUE, # y 轴显示的是每个区间的频数,否则显示的是频率( = 频数/ 总数)
    right = TRUE,# 逻辑值。TRUE 直方图条分组区间左开右闭。
    col = grey.colors(10), #填充颜色。
    border = "black",# 柱形边框的颜色
    main = "向量 a 的直方图",# 图形标题
    xlab = "向量 a", # x 轴标签
    ylab = "频数",# y 轴标签
    axes = TRUE, #逻辑值,控制是否添加坐标轴
    labels = c("1","2","3","4","5","6","7","8","9","10")）# 显示在每个柱子上面的
    标签
)
```

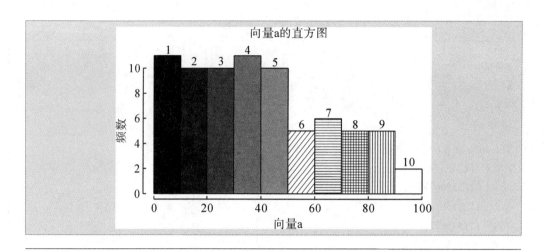

向量a的直方图

频数

向量a

代码 2-15　直方图的列表

```
#返回列表
hist(a,plot = FALSE)
```

$ breaks

[1]　0　10　20　30　40　50　60　70　80　90 100

$ counts

[1] 11 10 10 11 10　5　6　5　5　2

$ density

[1] 0. 014666667 0. 013333333 0. 013333333 0. 014666667 0. 013333333 0. 006666667 0. 008000000

0. 006666667 0. 006666667

[10] 0. 002666667

$ mids

[1]　5 15 25 35 45 55 65 75 85 95

$ xname

[1] "a"

$ equidist

[1] TRUE

attr(,"class")

[1] "histogram"

代码 2-16　车辆价值的直方图

```
#车辆价值的直方图
hist(Vehicle_value, right=FALSE, col= grey.colors(10),
    main=" 车辆价值的直方图",
    xlab=" 车辆价值",
    ylab = "频数")
```

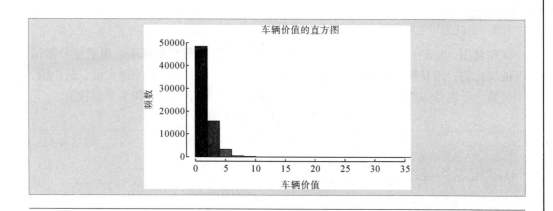

4. 散点图

为使两个数值变量之间的关系可视化，可以使用散点图。

代码 2-17　散点图

```
#给出向量数据
x <- seq(-1.5,20,0.5)
y <- seq(200,300,2.3)
plot(y ~ x)
```

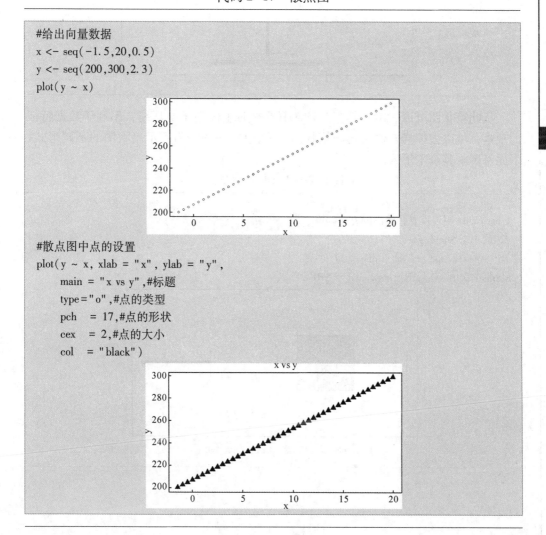

```
#散点图中点的设置
plot(y ~ x, xlab = "x", ylab = "y",
    main = "x vs y",#标题
    type = "o",#点的类型
    pch  = 17,#点的形状
    cex  = 2,#点的大小
    col  = "black")
```

5. 箱状图

箱状图（Box-plot），又称为盒式图、盒状图或箱线图，是显示一组数据分散情况的统计图，因其型状如箱子而得名。箱状图能显示出一组数据的最大值、最小值、中位数、下四分位数及上四分位数。箱状图又可分为垂直箱状图和水平箱状图。

代码 2-18　垂直箱状图

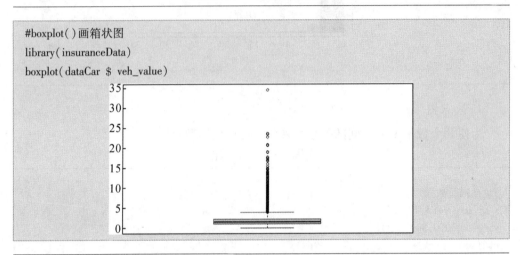

```
#boxplot()画箱状图
library(insuranceData)
boxplot(dataCar $ veh_value)
```

从此箱状图可以看出，其存在异常值，这时主体箱子被压缩，不利于数据特征的观察，可以去掉异常值后再画箱状图，见代码 2-19，为展示箱状图的不同形式，下面将展示其水平形式。

代码 2-19　水平箱状图

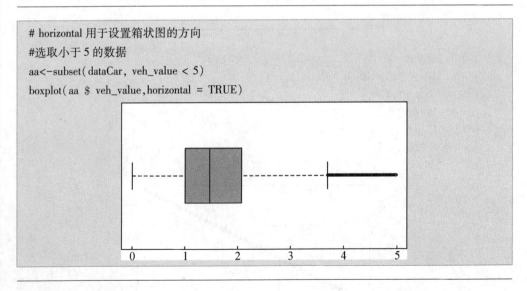

```
# horizontal 用于设置箱状图的方向
#选取小于 5 的数据
aa<-subset(dataCar, veh_value < 5)
boxplot(aa $ veh_value,horizontal = TRUE)
```

代码 2-20　分组箱状图
V#按性别画箱状图

```
boxplot(veh_value ~ gender, data = aa,
        xlab   = "性别（F = 女，M = 男）",
        ylab   = "车辆价值",
        main   = "车辆价值的箱状图",
        cex    = 2,
        col    = "grey",
        border = "black",
        lwd = 2, font = 2, font.lab = 2)
```

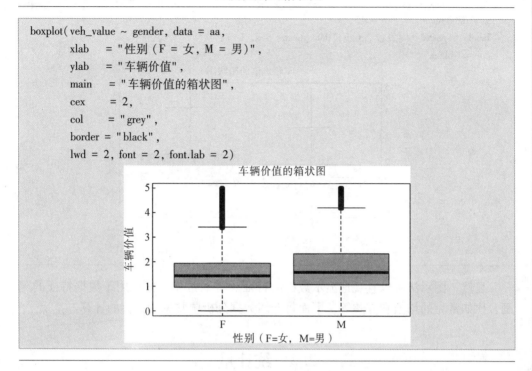

代码 2-21　箱状图中添加均值

```
#按性别计算均值
data_means <- aggregate(aa $ veh_value, list(aa $ gender),mean)
data_means
```

	Group. 1	x
1	F	1. 589334
2	M	1. 792361

```
#先画箱状图
boxplot(veh_value ~ gender, data = aa,
   xlab   = "性别（F = 女，M = 男）",
   ylab   = "车辆价值",
   main   = "车辆价值的箱状图",
   cex    = 2,
   col    = "grey",
   border = "black",
   lwd = 0. 5, font = 2, font.lab = 2)
#添加均值点
points(x = 1:nrow(data_means),
   y = data_means $ x,
   col = "black",
   pch = 16)
```

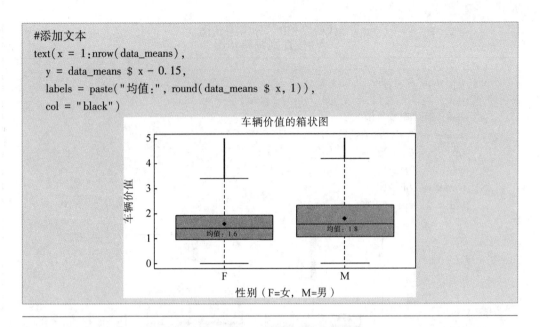

```
#添加文本
text( x = 1:nrow( data_means) ,
    y = data_means $ x - 0.15,
    labels = paste( "均值:", round( data_means $ x, 1)),
    col = "black")
```

显然，图示法可以直观地显示数据的特征。有些常见指标也用于数据特征的刻画，比如常见的均值和方差等。下面将介绍数据分析中常见的指标的计算。

2.2　统计量

【实验原理】统计量是样本的函数，用于刻画样本的特征。常见的统计量主要刻画样本的集中趋势、分散程度和相关程度等特征。

2.2.1　集中趋势

集中趋势又称"数据的中心位置"。它是一组数据的代表值。就变量数列而言，由于整个变量数列是以平均数为中心而上下波动的，所以平均数反映了总体分布的集中趋势。集中趋势常用的统计指标有期望（平均数）、中位数和 k 阶原点距等。

1. 期望：$\bar{x} = \dfrac{\sum x}{n}$。

2. 中位数：$M = \left(\dfrac{n+1}{2}\right)^{th}$，$n$ 为奇数；

$$M = \dfrac{(\frac{n}{2})^{th}\text{term} + (\frac{n}{2}+1)^{th}\text{term}}{2}, \quad n \text{ 为偶数。}$$

3. k 阶原点矩：$\dfrac{1}{n}\sum\limits_{i=1}^{n} X_i^k$。

2.2.2　分散程度

离散程度描述观测值偏离中心位置的趋势，反映了所有观测值偏离中心的分布情况。常见的刻画离散程度的指标有：标准差、方差等。

1. 标准差：$S = \sigma = \sqrt{\dfrac{\sum (x - \bar{x})^2}{n}}$。

2. 方差：$V(\sigma^2) = \dfrac{\sum\limits_{i=1}^{n}(x_i - \bar{x})^2}{n}$。

3. 分位数：$Q_1 = \left(\dfrac{n+1}{4}\right)^{th}$,

$Q_2 = \left(\dfrac{n+1}{2}\right)^{th}$,

$Q_3 = \left(\dfrac{3(n+1)}{4}\right)^{th}$,

$\text{IQR} = Q_3 - Q_1$。

2.2.3　相关程度

相关程度是刻画两个变量之间的线性相关程度的指标，一般来说，绝对值越大，相关程度越高。

1. 相关系数

$$r = \frac{n(\sum xy) - (\sum x)(\sum y)}{\sqrt{[n\sum x^2 - (\sum x)^2][n\sum y^2 - (\sum y)^2]}}$$

$$r_{xy} = \frac{S_{xy}}{S_{xx}S_{yy}} \tag{2-1}$$

2. 可决系数

$$R^2 = \left(\frac{n\sum xy - \sum x \sum y}{\sqrt{[n\sum x^2 - (\sum x)^2][n\sum y^2 - (\sum y)^2]}}\right)^2$$

$$R^2 = \frac{S_{xy}^2}{S_{xx}S_{yy}} \tag{2-2}$$

【实验内容】基于数据集 dataCar 计算一些常见的统计指标。

【实验过程】

代码 2-22　常见统计量的计算

```
#计算一些常见的统计量
#软件包 ggplot2 的导入
library(ggplot2)
```

```
#均值
mean(dataCar $ veh_value)
```

[1] 1.777021

```
#中位数
median(dataCar $ veh_value)
```

[1] 1.5

```
#方差
var(dataCar $ veh_value)
```

[1] 1.452583

```
#标准差
sd(dataCar $ veh_value)
```

[1] 1.205232

```
#最小值
min(dataCar $ veh_value)
```

[1] 0

```
#最大值
max(dataCar $ veh_value)
```

[1] 34.56

```
#数值范围
range(dataCar $ veh_value)
```

[1]   0.00   34.56

```
#分位数
quantile(dataCar $ veh_value)
```

0%   25%   50%   75%   100%
0.00   1.01   1.50   2.15 34.56

```
#主体范围(中间50%的端点差)
IQR(dataCar $ veh_value)
```

[1] 1.14

```
#自定义分位数
quantile(dataCar $ veh_value, c(.32, .57, .98))
```

32%   57%   98%
1.17 1.64 5.12

```
#协方差
cov(dataCar $ veh_value, dataCar $ veh_age)
```

[1] -0.6993005

```
#相关系数
cor(dataCar $ veh_value, dataCar $ veh_age)
```

［1］ −0. 543511

```
#软件包 e1071 可计算矩
library(e1071)
#中心矩
moment(dataCar $ veh_value, order = 3, center = TRUE)
```

［1］ 5. 195884

```
#偏度
skewness(dataCar $ veh_value)
```

［1］ 2. 967891

```
#峰度
kurtosis(dataCar $ veh_value)
```

［1］ 26. 75256

```
percentiles_veh <- ecdf(dataCar $ veh_value)
# 经验分布函数
plot(percentiles_veh, main = "经验分布函数图", xlab = "车辆价值")
```

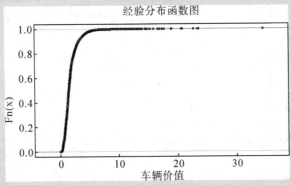

```
#核密度估计线
plot(density(dataCar $ veh_value), main = "核密度估计线", xlab = " x(车辆价值)", ylab = "
f(x)")
```

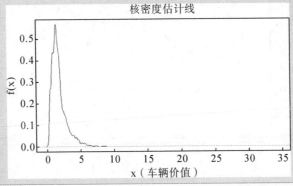

经验分布函数是阶梯函数，为更好展示，下面给出一个小量的数据，以便表现阶梯状。

代码 2-23　经验分布函数图与密度线

```
# 给出 10 个元素的向量作为例子
x <- c(10, rep(15,3), 20, rep(23,4), 30)
```

[1] 10 15 15 15 20 23 23 23 23 30

```
# Summary() 可以获取描述性统计量,提供最小值、最大值、四分位数和数值型变量的均值
summary(x)
```

Min.	1st Qu.	Median	Mean	3rd Qu.	Max.
10.0	15.0	21.5	19.7	23.0	30.0

```
percentiles_x <- ecdf(x)
# 经验分布函数
plot(percentiles_x, main = "经验分布函数图", xlab = "x")
```

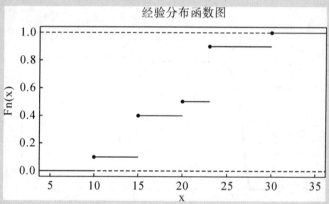

```
#核密度估计线
plot(density(x), main = "核密度估计线", xlab = "x", ylab = "f(x)")
```

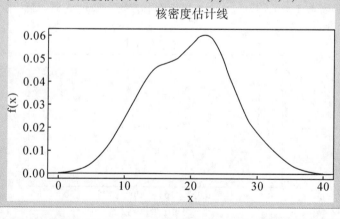

2.3 车险数据的基本特征

【实验内容】结合上述 2.1—2.2 给出的一系列图示和指标,分析车险数据 data-Car,挖掘车险数据中常见的索赔次数和赔款额等常见特征。

【实验过程】

代码 2-24 索赔次数和赔款额的常见分析

```
# 导入数据所在软件包
library(insuranceData)
table <- as.data.frame(table(dataCar $ numclaims))
names(table) <- c("Number of Claims", "Frequency")
#获取或分配对象的名称
print(table)
```

	Number of Claims	Frequency
1	0	63232
2	1	4333
3	2	271
4	3	18
5	4	2

```
#查看赔款次数的基本特征
# summary(dataCar $ numclaims)
```

Min.	1st Qu.	Median	Mean	3rd Qu.	Max.
0.00000	0.00000	0.00000	0.07276	0.00000	4.00000

```
#查看赔款额的基本特征
summary(dataCar $ claimcst0)
```

Min.	1st Qu.	Median	Mean	3rd Qu.	Max.
0.0	0.0	0.0	137.3	0.0	55922.1

```
##选取非 0 赔款额,subset()函数用于选择变量和观察值
dataCar_claimcst <- subset(dataCar, claimcst0 > 0)
summary(dataCar_claimcst $ claimcst0)
```

Min.	1st Qu.	Median	Mean	3rd Qu.	Max.
200.0	353.8	761.6	2014.4	2091.4	55922.1

```
# 标准差
sd(dataCar_claimcst $ claimcst0)
```

[1] 3548.907

```
##查看赔款额数据的总个数
length(dataCar $ claimcst0)
```

[1] 67856

```
#查看非0赔款额数据的总个数。
length(dataCar_claimcst $ claimcst0)
```

[1] 4624

```
#非0赔款额取对数后的基本特征
summary(log(dataCar_claimcst $ claimcst0))
```

Min.	1st Qu.	Median	Mean	3rd Qu.	Max.
5.298	5.869	6.635	6.810	7.646	10.932

```
#非0赔款额取对数后的标准差
sd(log(dataCar_claimcst $ claimcst0))
```

[1] 1.189308

代码 2-25　赔款额的常见图示分析

```
# 第一个参数指定绘图的行数,第二个参数指定列数
par(mfrow = c(1, 2))
hist(dataCar $ claimcst0, main = "", xlab = "赔款额", ylab = "频数")#直方图
#注意零值不能取对数,采用+1改善
hist(log(dataCar $ claimcst0+1), main = "", xlab = "赔款额的对数", ylab = "频数")
```

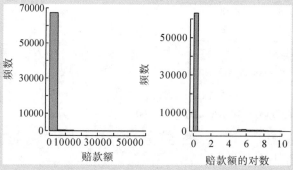

```
#图示赔款额的零膨胀问题严重,因此取非零数据画图
#非零赔款额
par(mfrow = c(1, 2))
hist(dataCar_claimcst $ claimcst0, main = "", xlab = "非零赔款额", ylab = "频数")#直方图
hist(log(dataCar_claimcst $ claimcst0), main = "", xlab = "非零赔款额取对数", ylab = "频数")
```

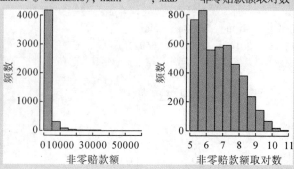

#图示赔款额数据具有长尾,取对数后长尾问题得到改善,但数量级的变化在一定程度上改变了数据的图示

#截尾是另一种处理长尾数据的方法

#选取 0~10000 赔款额(非零)

dataCar_claimcst1 <- subset(dataCar_claimcst, 10000 > claimcst0)

par(mfrow = c(1, 2))#第一个参数指定行数,第二个参数指定绘图的列数

hist(dataCar_claimcst1 $ claimcst0, main = "", xlab = "0~10000 之间的赔款额", ylab = "频数")

hist(log(dataCar_claimcst1 $ claimcst0), main = "", xlab = "0~10000 之间的赔款额取对数", ylab = "频数")

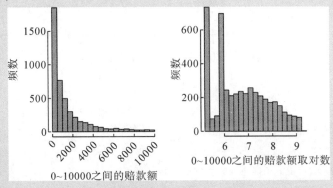

##细化分组,breaks

par(mfrow = c(1, 2))## 第一个参数指定行数,第二个参数指定绘图的列数。

hist(dataCar_claimcst1 $ claimcst0, breaks = 140, main = "", xlab = "0~10000 之间的赔款额", ylab = "频数")

hist(log(dataCar_claimcst1 $ claimcst0), breaks = 140, main = "", xlab = "0~10000 之间的赔款额取对数", ylab = "频数")

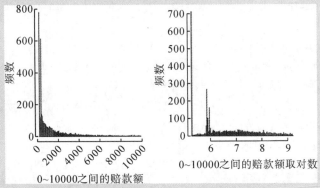

#除零膨胀外,还有另外一些膨胀值,因此选取 0~1000 赔款额(非零)

dataCar_claimcst2 <- subset(dataCar_claimcst, 1000 > claimcst0)#0~1000 赔款额

par(mfrow = c(1, 2))## 第一个参数指定行数,第二个参数指定绘图的列数。

hist(dataCar_claimcst2 $ claimcst0, breaks =50, main = "", xlab = "0~1000 之间的赔款额", ylab = "频数")##直方图

```
hist(log(dataCar_claimcst2 $ claimcst0), breaks = 50, main = "", xlab = "0~1000 之间的赔款
额取对数", ylab = "频数")
```

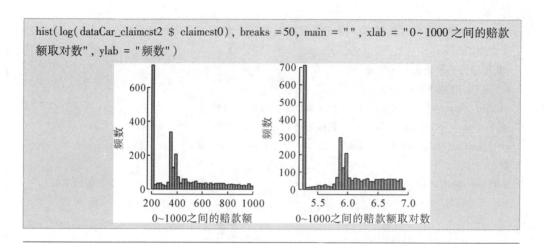

代码 2-26　分组下多指标的比较

```
#导入软件包 doBy
library(doBy)
#按性别分组
#赔款额
t_1a <- summaryBy(claimcst0 ~ gender, data = dataCar,
                  FUN = function (x) { c(m = mean(x), num = length(x)) } )
#是否发生索赔
t_1b <- summaryBy(clm ~ gender, data = dataCar,
                  FUN = function (x) { c(m = mean(x), num = length(x)) } )
#索赔次数
t_1c <- summaryBy(numclaims ~ gender, data = dataCar,
                  FUN = function (x) { c(m = mean(x), num = length(x)) } )

table1_in <- cbind(t_1a[1], t_1a[2], t_1b[2], t_1c[2], t_1a[3])
names(table1_in) <- c("gender", "Average Sev", "Average clm", "Average Freq",
                      "No. of Policyholders")
print(table1_in)
```

	gender	Average Sev	Average clm	Average Freq	No. of Policyholders
1	F	127.1598	0.06859570	0.07336217	38603
2	M	150.6121	0.06754863	0.07195843	29253

```
#按车辆类型分组
t_1a <- summaryBy(claimcst0 ~ veh_body, data = dataCar,
                  FUN = function (x) { c(m = mean(x), num = length(x)) } )
t_1b <- summaryBy(clm ~ veh_body, data = dataCar,
                  FUN = function (x) { c(m = mean(x), num = length(x)) } )
t_1c <- summaryBy(numclaims ~ veh_body, data = dataCar,
                  FUN = function (x) { c(m = mean(x), num = length(x)) } )
```

```
table1_in <- cbind(t_1a[1], t_1a[2], t_1b[2], t_1c[2], t_1a[3])
names(table1_in) <- c("vehicle body", "Average Sev", "Average clm", "Average Freq", "No.
of Policyholders")
print(table1_in)
```

	vehicle body	Average Sev	Average clm	Average Freq	No. of Policyholders
1	BUS	278.39833	0.18750000	0.20833333	48
2	CONVT	85.04704	0.03703704	0.03703704	81
3	COUPE	240.67083	0.08717949	0.09615385	780
4	HBACK	136.88270	0.06682527	0.07031457	18915
5	HDTOP	186.70796	0.08233059	0.08613046	1579
6	MCARA	84.04685	0.11023622	0.11811024	127
7	MIBUS	161.93149	0.05997211	0.06276151	717
8	PANVN	177.01252	0.08244681	0.09042553	752
9	RDSTR	50.72067	0.07407407	0.11111111	27
10	SEDAN	120.61451	0.06638780	0.07187514	22233
11	STNWG	145.32263	0.07213579	0.07674805	16261
12	TRUCK	182.56963	0.06857143	0.07428571	1750
13	UTE	130.22437	0.05669429	0.06018317	4586

```
#按车辆年龄分组
t_1a <- summaryBy(claimcst0 ~ veh_age, data = dataCar,
            FUN = function (x) { c(m = mean(x), num = length(x)) } )
t_1b <- summaryBy(clm ~ veh_age, data = dataCar,
            FUN = function (x) { c(m = mean(x), num = length(x)) } )
t_1c <- summaryBy(numclaims ~ veh_age, data = dataCar,
            FUN = function (x) { c(m = mean(x), num = length(x)) } )
table1_in <- cbind(t_1a[1], t_1a[2], t_1b[2], t_1c[2], t_1a[3])
names(table1_in) <- c("vehicle age", "Average Sev", "Average clm", "Average Freq",
            "No. of Policyholders")
print(table1_in)
```

	vehicle age	Average Sev	Average clm	Average Freq	No. of Policyholders
1	1	126.8871	0.06730848	0.07146936	12257
2	2	149.8895	0.07590282	0.08163019	16587
3	3	135.4783	0.06788278	0.07206938	20064
4	4	134.8372	0.06217015	0.06655056	18948

```
#按区域分组
t_1a <- summaryBy(claimcst0 ~ area, data = dataCar,
            FUN = function (x) { c(m = mean(x), num = length(x)) } )
t_1b <- summaryBy(clm ~ area, data = dataCar,
            FUN = function (x) { c(m = mean(x), num = length(x)) } )
t_1c <- summaryBy(numclaims ~ area, data = dataCar,
            FUN = function (x) { c(m = mean(x), num = length(x)) } )
table1_in <- cbind(t_1a[1], t_1a[2], t_1b[2], t_1c[2], t_1a[3])
names(table1_in) <- c("area", "Average Sev", "Average clm", "Average Freq",
            "No. of Policyholders")
print(table1_in)
```

area	Average Sev	Average clm	Average Freq	No. of Policyholders
1	A	127. 0087	0. 06651545	0. 07240069	16312
2	B	134. 5698	0. 07233341	0. 07653099	13341
3	C	139. 5184	0. 06874391	0. 07268744	20540
4	D	111. 4717	0. 06068763	0. 06411354	8173
5	E	146. 9592	0. 06529093	0. 06985792	5912
6	F	224. 1351	0. 07825601	0. 08524315	3578

```
#按驾驶员年龄分组
t_1a <- summaryBy( claimcst0 ~ agecat, data = dataCar,
            FUN = function ( x ) { c( m = mean( x ) , num = length( x ) ) } )
t_1b <- summaryBy( clm ~ agecat, data = dataCar,
            FUN = function ( x ) { c( m = mean( x ) , num = length( x ) ) } )
t_1c <- summaryBy( numclaims ~ agecat, data = dataCar,
            FUN = function ( x ) { c( m = mean( x ) , num = length( x ) ) } )
table1_in <- cbind( t_1a[1], t_1a[2], t_1b[2], t_1c[2], t_1a[3] )
names( table1_in ) <- c( "driver's age category" , "Average Sev" , "Average clm" , "Average Freq" ,
  "No. of Policyholders" )
print( table1_in )
```

	driver's age category	Average Sev	Average clm	Average Freq	No. of Policyholders
1	1	227. 68598	0. 08638105	0. 09143156	5742
2	2	154. 16239	0. 07238835	0. 07766990	12875
3	3	135. 22592	0. 07059047	0. 07541067	15767
4	4	132. 51609	0. 06819445	0. 07319785	16189
5	5	98. 86477	0. 05719076	0. 06035768	10736
6	6	104. 40943	0. 05575073	0. 05956927	6547

代码 2-27　赔款额的常见分布图

```
# 赔款额的经验分布函数
par( mfrow = c( 1, 2 ) )
percentiles   <- ecdf( dataCar_claimcst $ claimcst0 )
log_percentiles  <- ecdf( log( dataCar_claimcst $ claimcst0 ) )
plot( percentiles,  main = "" , xlab = "非零赔款额" , lwd = 2 , font = 2 , font.lab = 2 )
plot( log_percentiles, main = "" , xlab = "非零赔款额取对数" , lwd = 2 , font = 2 , font.lab = 2 )
```

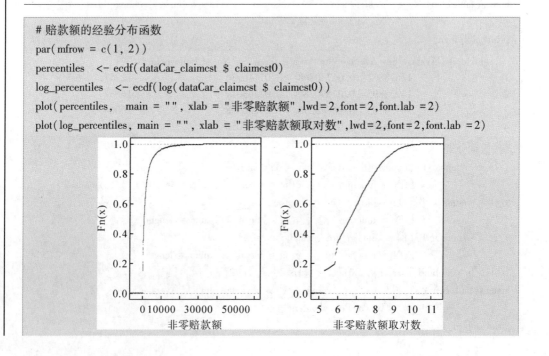

```
#核密度估计线的比较
par( mfrow = c(1, 1))
hist( log( dataCar_claimcst $ claimcst0), main = "", ylim = c(0, .7), xlab = "非零赔款额取对
数", ylab = "f(x)",
freq = FALSE, col = "lightgray", lwd = 2, font = 2, font.lab = 2)
# bw 即 Bandwidth, 带宽参数
lines( density( log( dataCar_claimcst $ claimcst0)), col = "black", lty = 1, lwd = 2)
lines( density( log( dataCar_claimcst $ claimcst0), bw = 1), col = "grey", lty = 2, lwd = 2)
lines( density( log( dataCar_claimcst $ claimcst0), bw = .1), col = "black", lty = 3, lwd = 2)
```

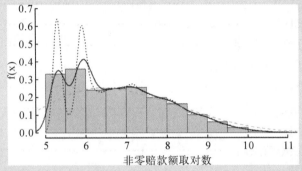

```
#第一条 bw 缺失, 查看其取值
density( log( dataCar_claimcst $ claimcst0)) $ bw   # default bandwidth
```

[1] 0.1979399

本章代码索引

3 保险索赔变量及其分布

党的二十大报告明确指出，坚持为党育人、为国育才，全面提高人才自主培养质量，着力造就拔尖创新人才，聚天下英才而用之。年轻一代保险从业人员可以为国为民做些什么呢？

中国是一个自然灾害频发的国家，2008 年汶川地震造成的直接经济损失高达8 400 亿元，2021 年河南洪灾 1 366.43 万人受灾，直接经济损失高达 909.81 亿元。巨灾保险再一次成为人们议论的焦点。巨灾保险是指对因发生地震、飓风、海啸、洪水等自然灾害，可能造成巨大财产损失和严重人员伤亡的风险，通过巨灾保险制度进行分散风险，使受灾主体获得经济补偿的，由政府主导，并由政府进行投保的一种商业保险制度。

我国目前的商业保险还无法充分发挥其在巨灾风险管理和防范中的重要作用，而多年以来的政府买单型的巨灾风险管理模式，又让政府压力过大。因此，政府支持下的巨灾保险体系较为适应我国国情。2022 年 6 月 28 日，河南省人民政府办公厅发布了《关于开展巨灾保险试点工作的指导意见》，为暴雨等巨灾"上保险"，旨在提升重大灾害补偿效率和抗灾救灾效率，以及全社会抵御自然灾害的能力。

保险从业人员应努力提高对巨灾风险的研究水平，积极为巨灾保险的发展贡献自己的一份力量。我们必须重视国际经验，整理国内外巨灾发生频率和损失数据，充分利用国内外保险公司、再保险公司、中介机构和咨询公司等的研究成果，尽快摸清中国的巨灾特点，建立科学有效的数理模型，开发出适合各个地域各个群体的巨灾保险产品。

随机变量是表示随机现象所有可能结果的变量，常用大写字母 X, Y, Z 等表示。根据随机变量的取值不同，分为离散随机变量和连续随机变量。如果随机变量 X 只可能取有限个或至多可列个值，则称 X 为离散型随机变量。保险数据中，索赔次数的取值范围为 0，1，2，…，因此索赔次数是离散随机变量，而损失额的取值为非负取值，一般为连续变量。下面首先给出刻画索赔次数的常见离散分布。

3.1 索赔次数的分布

3.1.1 泊松分布

【实验原理】泊松分布（Poisson 分布）的概率分布函数为

$$p_k = \frac{e^{-\lambda} \lambda^k}{k!}, \ k = 0, \ 1, \ \cdots \tag{3-1}$$

【实验内容】熟悉泊松分布的分布函数" dpois"、累积分布函数" ppois"，分位数函数" qpois" 和随机数函数" rpois"。

【实验过程】

代码3-1　泊松分布的相关函数的计算

```
#参数
lambda <- 3
#给出一些随机变量的取值
N <- seq(0, 20, 1)
# 分布函数 "dpois"
( Pn <- dpois(N, lambda) )
```

[1] 4.978707e−02 1.493612e−01 2.240418e−01 2.240418e−01 1.680314e−01 1.008188e−01 5.040941e−02 2.160403e−02 8.101512e−03

[10] 2.700504e−03 8.101512e−04 2.209503e−04 5.523758e−05 1.274713e−05 2.731529e−06 5.463057e−07 1.024323e−07 1.807629e−08

[19] 3.012715e−09 4.756919e−10 7.135379e−11

```
##分布函数的散点图
par(mfrow = c(1, 1))
plot(N, Pn, xlab = "n", ylab = "P(n)")
```

```
# 累积分布函数"ppois"
( Fn <- ppois(N, lambda) )
```

[1]　0.04978707　0.19914827　0.42319008　0.64723189　0.81526324　0.91608206　0.96649146 0.98809550 0.99619701 0.99889751

[11] 0.99970766 0.99992861 0.99998385 0.99999660 0.99999933 0.99999988 0.99999998

1.00000000 1.00000000 1.00000000

[21] 1.00000000

```
# 可视化累积分布函数
plot(N, Fn, xlab = "n", ylab = "F(n)") # cdf
```

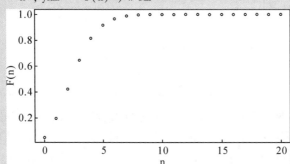

```
#输入概率计算分位数
#给定一些概率
x_qpois <- seq(0, 1, by = 0.005)
# 计算分位数
y_qpois <- qpois(x_qpois, lambda = 10)
# 画图
plot(y_qpois)
```

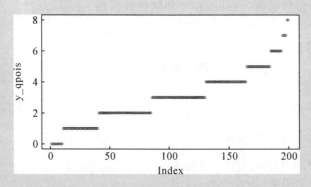

```
#随机数的选取
#种子,实际是给定随机数抽取的一个起点
set.seed(1000)
# 随机数的个数
N <- 100
# 函数 rpois() 给出泊松分布的随机数
y <- rpois(N, lambda = 15)
# 画图
plot(y)
```

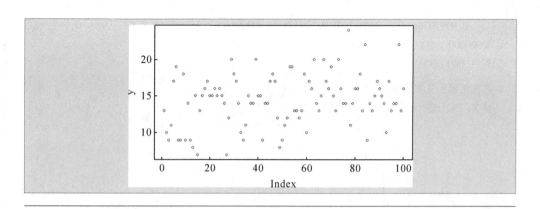

泊松分布是常见的离散分布，但其尾部分布较轻，不适合厚尾离散分布，负二项分布是泊松分布与伽玛分布（Gamma 分布）的混合，其尾部比泊松分布要厚，适用于厚尾离散分布的拟合。

3.1.2　负二项分布

【实验原理】负二项分布的概率分布函数为

$$p_k = \binom{r+k-1}{k} \left(\frac{1}{1+\beta}\right)^r \left(\frac{\beta}{1+\beta}\right)^k, \quad k = 0,\ 1,\ \cdots \tag{3-2}$$

【实验内容】熟悉负二项分布的相关函数" dnbinom"、累积分布函数" pnbinom"，而分位数函数" qnbinom" 和随机数函数" rnbinom" 与泊松分布的相关函数类似。

【实验过程】

代码 3-2　负二项分布的相关函数的计算

```
#负二项分布的参数
alpha <- 3
theta <- 2
prob <- 1 / (1 + theta)
#负二项变量的一些取值
N <- seq(0, 30, 1)
# 负二项概率分布函数 "dnbinom"
( Pn <- dnbinom(N, alpha, prob) )
```

[1] 3.703704e−02 7.407407e−02 9.876543e−02 1.097394e−01 1.097394e−01 1.024234e−01 9.104303e−02 7.803688e−02 6.503074e−02
[10] 5.298801e−02 4.239041e−02 3.339850e−02 2.597661e−02 1.998201e−02 1.522439e−02 1.150287e−02 8.627153e−03 6.428075e−03
[19] 4.761537e−03 3.508501e−03 2.572901e−03 1.878626e−03 1.366273e−03 9.900532e−04 7.150384e−04 5.148277e−04 3.696199e−04
[28] 2.646661e−04 1.890472e−04 1.347233e−04 9.580323e−05

```
# 可视化概率分布函数
plot( N, Pn, xlab = "n", ylab = "P( n )" ) # pmf
```

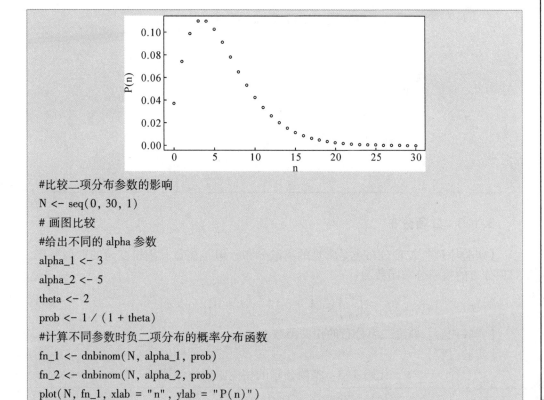

```
#比较二项分布参数的影响
N <- seq(0, 30, 1)
# 画图比较
#给出不同的 alpha 参数
alpha_1 <- 3
alpha_2 <- 5
theta <- 2
prob <- 1 / (1 + theta)
#计算不同参数时负二项分布的概率分布函数
fn_1 <- dnbinom(N, alpha_1, prob)
fn_2 <- dnbinom(N, alpha_2, prob)
plot(N, fn_1, xlab = "n", ylab = "P(n)")
lines(N, fn_2, pch = 24, type = "p")
```

```
# 计算负二项分布的累积分布函数 "pnbinom"
( Fn <- pnbinom(N, alpha, prob) )
```

[1] 0.6443940 0.7241946 0.8964237 0.8983078 0.9634279 0.9600273 0.9861771 0.9838038
0.9945834 0.9933182 0.9978289

[12] 0.9972101 0.9991161 0.9988250 0.9996360 0.9995019 0.9998488 0.9997878 0.9999367
0.9999092 0.9999734 0.9999610

[23] 0.9999888 0.9999832 0.9999952 0.9999928 0.9999980 0.9999969 0.9999991
0.9999986 0.9999996

```
plot(N, Fn, xlab = "n", ylab = "P(n)")   # cdf
```

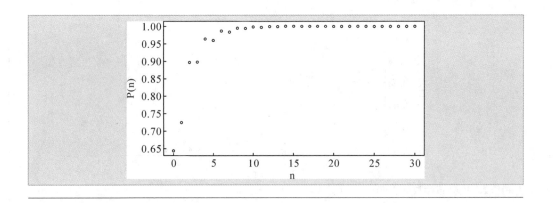

3.1.3 二项分布

【实验原理】二项分布也是常见的离散分布，但是注意其随机变量的取值范围。二项分布的概率分布函数为

$$p_k = \binom{m}{k} q^k (1-q)^{m-k}, \quad k = 0, \cdots, m \tag{3-3}$$

【实验内容】熟悉二项分布的相关函数。

【实验过程】

代码 3-3　二项分布的相关函数的计算

```
# 二项分布的参数
size <- 30
prob <- 0.6
#二项分布的变量取值
N <- seq(0, 30, 1)
#二项分布的概率分布函数"dbinom"
fn <- dbinom(N, size, prob)
#二项分布的散点图
plot(N, fn, xlab = "n", ylab = "P(n)")   # pdf
#给定不同的参数 prob=0.7
fn2 <- dbinom(N, size, 0.7)
#划线比较不同参数的影响
lines(N, fn2, pch = 24, type = "p")
```

保/险/统/计/学/实/验/教/程

二项分布的累积分布函数 "pbinom"
(Fn <- pbinom(N, size, prob))

[1] 1.152922e-12 5.303439e-11 1.181456e-09 1.697936e-08 1.769332e-07 1.424573e-06
9.222321e-06 4.932503e-05 2.222679e-04

[10] 8.563920e-04 2.853883e-03 8.301584e-03 2.123988e-02 4.811171e-02 9.705684e-02
1.753691e-01 2.854956e-01 4.215343e-01

[19] 5.689095e-01 7.085281e-01 8.237135e-01 9.059888e-01 9.564759e-01 9.828170e-01
9.943412e-01 9.984899e-01 9.996867e-01

[28] 9.999526e-01 9.999954e-01 9.999998e-01 1.000000e+00

plot(N, Fn, xlab = "n", ylab = "F(n)")　# cdf

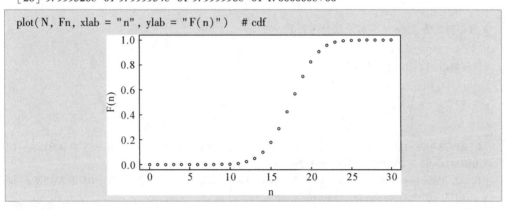

3.1.4 (*a*,*b*,0) 类分布

【实验原理】满足下列递推关系的分布称作 (*a*,*b*,0) 类：

$$\frac{p_k}{p_{k-1}} = a + \frac{b}{k},\ k \geqslant 1 \tag{3-4}$$

式中 a, b 为常数。对于这类分布，只要已知 a, b 和 p_0 ，即可通过上述公式确定整个概率分布模型。3.1.1—3.1.3 中的三个离散分布都属于 (*a*,*b*,0) 类，其中参数和初始概率见表 3.1。

表 3.1 (*a*,*b*,0) 类分布

分布	a	b	p_0
泊松分布	0	λ	$e^{-\lambda}$
二项分布	$\dfrac{-q}{1-q} < 0$	$\dfrac{(m+1)q}{1-q}$	$(1-q)^m$
负二项分布	$\dfrac{\beta}{1+\beta} > 0$	$\dfrac{(r-1)\beta}{1+\beta}$	$(1+\beta)^{-r}$

注意表 3.1 中三个分布 a 的取值，分别为等于零、小于零和大于零，因此分布类型完全可以根据 a 的取值来决定。

【实验内容】熟悉 (*a*,*b*,0) 分布的概率计算，并与原分布进行比较。

代码 3-4　比较 $(a, b, 0)$ 与原分布的概率值

```
#参数
lambda <- 3
a <- 0
b <- lambda
#显然这是泊松分布
#定义向量
p <- rep(0, 20)
# 概率初始值,即 n = 0 时泊松分布概率
p[1] <- exp(-lambda)
#计算第(i+1)-th 元素的概率
for (i in 1:19)
p[i+1] <- (a + b / i) * p[i]
p
```

　　[1] 4.978707e-02 1.493612e-01 2.240418e-01 2.240418e-01 1.680314e-01 1.008188e-01
5.040941e-02 2.160403e-02 8.101512e-03

　　[10] 2.700504e-03 8.101512e-04 2.209503e-04 5.523758e-05 1.274713e-05 2.731529e-06
5.463057e-07 1.024323e-07 1.807629e-08

　　[19] 3.012715e-09 4.756919e-10

```
# 为比较,可以给出相应参数的概率分布函数 "dpois"
dpois(seq(0, 19, 1), lambda = 3)
```

　　[1] 4.978707e-02 1.493612e-01 2.240418e-01 2.240418e-01 1.680314e-01 1.008188e-01
5.040941e-02 2.160403e-02 8.101512e-03

　　[10] 2.700504e-03 8.101512e-04 2.209503e-04 5.523758e-05 1.274713e-05 2.731529e-06
5.463057e-07 1.024323e-07 1.807629e-08

　　[19] 3.012715e-09 4.756919e-10

```
#显然上述两种情况计算的泊松分布的概率函数值相等
#给出(a,b,0)分布的新参数
n <- 6
beta <-2
a <- beta/(1+beta)
b <- (n-1) * beta/(1+beta)
# 通过参数的形态判定该分布为负二项分布
p <- rep(0, 20)
# 给出概率初始值
p[1] <- (1/(1+beta))^n
for (i in 1:19)
#计算概率
{p[i+1] <- (a + b / i) * p[i] }
p
```

[1] 0. 001371742 0. 005486968 0. 012802926 0. 022760758 0. 034141137 0. 045521516 0. 055637408
0. 063585610 0. 068884410

[10] 0. 071435685 0. 071435685 0. 069270967 0. 065422580 0. 060390074 0. 054638638 0. 048567679
0. 042496719 0. 036663836

[19] 0. 031232156 0. 026300763

```
#负二项分布的参数
#与负二项分布的函数分布比较计算结果

beta <- 2
prob <- 1 / (1 + beta)
N <- seq(0, 19, 1)
# 根据负二项分布的概率函数计算 "dnbinom"
fn <- dnbinom(N, n, prob)
fn
```

[1] 0. 001371742 0. 005486968 0. 012802926 0. 022760758 0. 034141137 0. 045521516 0. 055637408
0. 063585610 0. 068884410

[10] 0. 071435685 0. 071435685 0. 069270967 0. 065422580 0. 060390074 0. 054638638 0. 048567679
0. 042496719 0. 036663836

[19] 0. 031232156 0. 026300763

```
#参数
q <- 0. 6
m <-4
a <- -q/(1-q)
b <- (m+1) * q/(1-q)
# 根据参数的形式,判定该分布为二项分布
p <- rep(0, 20)
# 概率初始值
p[1] <- (1-q)^m
for (i in 1:19)
p[i+1] <- (a + b / i) * p[i]
p
```

[1] 2. 560000e - 02 1. 536000e - 01 3. 456000e - 01 3. 456000e - 01 1. 296000e - 01
2. 877698e -17 -7. 194245e-18 3. 083248e-18

[9] - 1. 734327e - 18 1. 156218e - 18 - 8. 671635e - 19 7. 094974e - 19 - 6. 208102e - 19
5. 730556e -19 -5. 525893e-19 5. 525893e-19

[17] -5. 698577e - 19 6. 033788e - 19 -6. 536603e - 19 7. 224667e - 19

```
#与二项分布结果比较
q <- 0. 6
m <-4
N <- seq(0, 19, 1)
# 二项分布 "dbinom"
fn <- dbinom(N, m, q)
fn
```

[1] [1] 0. 0256 0. 1536 0. 3456 0. 3456 0. 1296 0. 0000 0. 0000 0. 0000 0. 0000 0. 0000 0. 0000
0. 0000 0. 0000 0. 0000 0. 0000 0. 0000

[17] 0. 0000 0. 0000 0. 0000 0. 0000

3.1.5 $(a,b,1)$ 类分布

上述介绍的泊松分布、负二项分布和二项分布适用于取值范围为非负整数的索赔次数分布的刻画。但是保险实际中，由于免赔额和奖惩系统的存在，零索赔的概率远高于一般分布的零取值相应的概率，这一般被称为零膨胀。为刻画这类问题，需要在 $(a,b,0)$ 类的基础上，对零取值的相应概率做出修正，从而提出 $(a,b,1)$ 类分布。

【实验原理】满足下列递推关系的分布称作 $(a,b,1)$ 类：

$$\frac{p_k}{p_{k-1}} = a + \frac{b}{k}, \ k \geqslant 2 \tag{3-5}$$

注意此分布的初始概率为 p_1。假设 $(a,b,0)$ 的概率分布为 $\{p_k\}_{k\geqslant 0}$，那么 $(a,b,1)$ 类的概率分布为 $\{\tilde{p}_k\}_{k\geqslant 0}$，那么

$$\tilde{p}_k = \frac{1-\tilde{p}_0}{1-p_0} \cdot p_k, \ k \geqslant 1 \tag{3-6}$$

其也称为零修正（zero-modified）分布，当 $\tilde{p}_0 = 0$ 时，称为零截尾（zero-truncated）分布。

【实验内容】熟悉 $(a,b,1)$ 分布的计算。

【实验过程】

代码 3-5 $(a,b,1)$ 分布的相关计算及图示

```
# 零修正二项的概率分布函数"pzmbinom"
#二项分布的参数 size = 5, p = 0.4
#初始值 p0 = 0.2
#计算一组二项分布生存函数值
library(actuar)
pzmbinom(0:5, size = 5, p = 0.4, p0 = 0.2, lower = FALSE)
```

[1] 0.80000000 0.57515614 0.27536433 0.07550312 0.00888272 0.00000000

```
#按(a,b,1)类公式重新计算上述分布,以便比较
#(a,b,1)类中零修正二项分布( p0 = 0.2)
(1-0.2) * pbinom(0:5, 5, 0.4, lower = FALSE) / pbinom(0, 5, 0.4, lower = FALSE)
```

[1] 0.80000000 0.57515614 0.27536433 0.07550312 0.00888272 0.00000000

```
#画图说明二项分布零调整前后的分布
n <- 8; p <- 0.3; p0 <- 0.25
x <- 0:n
title <- paste("ZM Binomial(", n, ", ", p, ", p0 = ", p0,
               ") and Binomial(", n, ", ", p,") PDF",
               sep = "")
plot(x, dzmbinom(x, n, p, p0), type = "h", lwd = 2, ylab = "p(x)",
     main = title)
points(x, dbinom(x, n, p), pch = 17, col = "black")

legend("topright", c("ZT binomial probabilities", "Binomial probabilities"),
col = c("black", "black"), lty = c(1, 0), lwd = 2, pch = c(NA, 17))
```

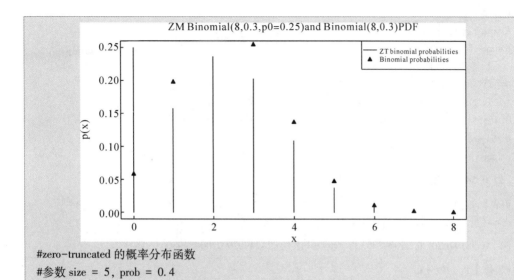

```
#zero-truncated 的概率分布函数
#参数 size = 5, prob = 0.4
dztbinom(1:5, size = 5, prob = 0.4)
```

[1] 0. 2810548 0. 3747398 0. 2498265 0. 0832755 0. 0111034

```
#按(a,b,1)类公式重新计算上述分布,以便比较
dbinom(1:5, 5, 0.4)/pbinom(0, 5, 0.4, lower = FALSE)
```

[1] 0. 2810548 0. 3747398 0. 2498265 0. 0832755 0. 0111034

```
#画图说明二项分布零调整前后的分布
n <- 8; p <- 0.3
x <- 0:n
title <- paste("ZT Binomial(", n, ", ", p,
") and Binomial(", n, ", ", p,") PDF",
sep = "")
plot(x, dztbinom(x, n, p), type = "h", lwd = 2, ylab = "p(x)",
main = title)
points(x, dbinom(x, n, p), pch = 17, col = "black")
legend("topright", c("ZT binomial probabilities", "Binomial probabilities"),
col = c("black", "black"), lty = c(1, 0), lwd = 2, pch = c(NA, 17))
```

```
#零修正泊松分布函数
dzmpois(0:5, lambda = 1, p0 = 0.2)
  [1] 0.200000000 0.465581365 0.232790683 0.077596894 0.019399224 0.003879845
#注意(a,b,1)的分布函数从1开始
(1-0.2) * dpois(1:5, lambda = 1)/ppois(0, 1, lower = FALSE)
0.465581365 0.232790683 0.077596894 0.019399224 0.003879845
#zero-truncated 分布
dztpois(1:5, lambda = 1)
```

  [1] 0.581976707 0.290988353 0.096996118 0.024249029 0.004849806

```
#(a,b,1)分布
dpois(1:5, lambda = 1)/ppois(0, 1, lower = FALSE)
```

  [1] 0.581976707 0.290988353 0.096996118 0.024249029 0.004849806

```
#零修正负二项分布
dzmnbinom(1:5, size = 2.5, prob = p, p0 = 0.6)
```

  [1] 0.18986040 0.11075190 0.05537595 0.02538064 0.01099828

```
(1-0.6) * dnbinom(1:5, 2.5, p)/pnbinom(0, 2.5, p, lower = FALSE)
```

  [1] 0.18986040 0.11075190 0.05537595 0.02538064 0.01099828

```
# zero-truncated 分布
p <- 1/(1 + 0.5)
dztnbinom(c(1, 2, 3), size = 2.5, prob = p)
```

  [1] 0.4746510 0.2768797 0.1384399

```
dnbinom(c(1, 2, 3), 2.5, p)/pnbinom(0, 2.5, p, lower = FALSE)
```

  [1] 0.4746510 0.2768797 0.1384399

3.2 损失额的分布

　　保险实际中主要关注的是非零损失，即正值损失，因此在研究保险损失时主要选择随机变量取值大于零的分布，常见的分布包括伽玛分布、帕累托分布（Pareto分布）和韦布尔分布（Weibull 分布）等。

3.2.1 伽玛分布

【实验原理】伽玛分布的概率密度函数为

$$f_X(x) = \frac{\left(\dfrac{x}{\theta}\right)^\alpha}{x\Gamma(\alpha)} \exp(-x/\theta) \text{ for } x > 0, \ \alpha > 0, \ \theta > 0 \qquad (3-7)$$

【实验内容】熟悉伽玛分布密度线与参数的关系。

【实验过程】

代码 3-6 伽玛分布密度线的比较

```
#导入软件包
library(actuar)
library(VGAM)
# 定义网格
x <- seq(0, 1000, by = 1)
# 定义参数集合
scale_param <- seq(100, 250, by = 50)
shape_param <- 2:5
# 变化形状参数
plot(x, dgamma(x, shape = shape_param[1], scale = 100), type = "l", ylab = "Gamma 密度
函数",lwd=2,font=2,font.lab=2)
for (k in 2:length(shape_param)) {
    lines(x, dgamma(x, shape = shape_param[k], scale = 100), lty = k,lwd=2,font=2)}
legend(760,0.0035,c(expression(alpha ~ '= 2'), expression(alpha ~ '3'),
                expression(alpha ~ '= 4'), expression(alpha ~ '= 5')),
        lty = 1:4, lwd=2,cex=1.2)
title(substitute(paste("Gamma 密度线 当"," ",theta," = 100"," ",
                "和 不同形状参数")))
```

```
#变化尺度参数(θ)
plot(x, dgamma(x, shape = 2, scale = scale_param[1]), type = "l", ylab = "Gamma 密度
线")
for (k in 2:length(scale_param)) {
    lines(x, dgamma(x, shape = 2, scale = scale_param[k]), lty = k,ps=2,lwd=3)}
legend(760,0.0035, c(expression(theta ~ '= 100'), expression(theta ~ '= 150'),
                expression(theta ~'= 200'), expression(theta ~ '= 250')),
        lty = 1:4)
title(substitute(paste("Gamma 密度线当"," ", alpha, " = 2", " ",
                "和不同尺度参数")))
```

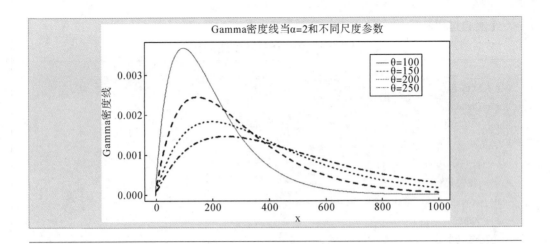

Gamma密度线当α=2和不同尺度参数

3.2.2　帕累托分布

【实验原理】帕累托分布密度函数为

$$f_X(x) = \frac{\alpha\,\theta^\alpha}{(x+\theta)^{\alpha+1}},\ x > 0,\ \alpha > 0,\ \theta > 0 \tag{3-8}$$

【实验内容】熟悉帕累托分布密度线与参数的关系。

【实验过程】

代码 3-7　帕累托分布密度线的比较

```
# 为引入 dparetoII,首先导入软件包
library( VGAM)
z <- seq( 0, 3000, by = 1)
scale_param <- seq( 2000, 3500, 500)
shape_param <- 1:4
# 变动形状参数
plot( z, dparetoII( z, loc = 0, shape = shape_param[ 1 ], scale = 2000),
    ylim = c( 0, 0. 002), type = "l", ylab = "Pareto 密度", lwd = 2, font = 2, font. lab = 2)
for ( k in 2:length( shape_param) ) {
    lines( z, dparetoII( z, loc = 0, shape = shape_param[ k ], scale = 2000), lty = k, lwd = 2, font
= 2) }
legend( 2500, 0. 002, c( expression( alpha ~ '= 1 '), expression( alpha ~ '= 2 '),
                expression( alpha ~ '= 3 '), expression( alpha ~ '= 4 ')),
        lty = 1:4, box. lty = 0, lwd = 2, cex = 1. 2)
title( substitute( paste( "Pareto 密度线当", " ", theta, " = 2000", " ",
            "和不同形状参数") ) )
```

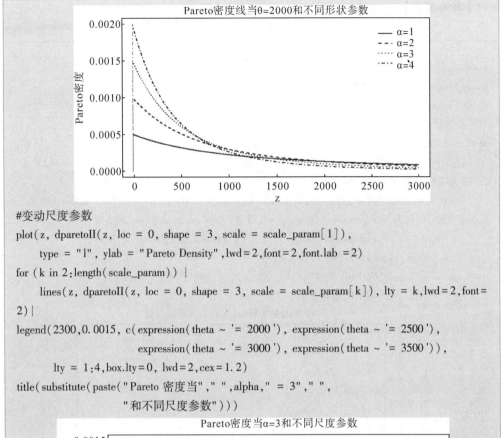

```
#变动尺度参数
plot(z, dparetoII(z, loc = 0, shape = 3, scale = scale_param[1]),
    type = "l", ylab = "Pareto Density", lwd = 2, font = 2, font.lab = 2)
for (k in 2:length(scale_param)) {
    lines(z, dparetoII(z, loc = 0, shape = 3, scale = scale_param[k]), lty = k, lwd = 2, font =
2)}
legend(2300, 0.0015, c(expression(theta ~ '= 2000'), expression(theta ~ '= 2500'),
                expression(theta ~ '= 3000'), expression(theta ~ '= 3500')),
    lty = 1:4, box.lty = 0, lwd = 2, cex = 1.2)
title(substitute(paste("Pareto 密度当", " ", alpha, " = 3", " ",
            "和不同尺度参数")))
```

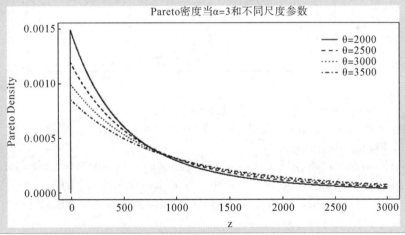

3.2.3　韦布尔分布

【实验原理】韦布尔分布密度函数为

$$f_X(x) = \frac{\alpha}{\theta}\left(\frac{x}{\theta}\right)^{\alpha-1}\exp\left(-\left(\frac{x}{\theta}\right)^{\alpha}\right)\ ,\ x > 0,\ \alpha > 0,\ \theta > 0 \qquad (3-9)$$

【实验内容】熟悉韦布尔分布密度线与参数的关系。

代码 3-8　韦布尔分布密度线的比较

```
z <- seq(0, 400, by = 1)
scale_param <- seq(50, 200, 50)
shape_param <- seq(1.5, 3, 0.5)
# 变动形状参数
plot(z, dweibull(z, shape = shape_param[1], scale = 100),
     ylim = c(0, 0.012), type = "l", ylab = "Weibull 密度",lwd=2,font=2,font.lab =2)
for (k in 2:length(shape_param)) {
     lines(z, dweibull(z, shape = shape_param[k], scale = 100), lty = k,lwd=2,font=2)}
legend(300, 0.012, c(expression(alpha ~ '= 1.5'), expression(alpha ~ '= 2'),
                     expression(alpha ~'= 2.5'), expression(alpha ~ '= 3')),
       lty = 1:4, box.lty=0, lwd=2,cex=1.2)
title(substitute(paste("Weibull 密度当","　",theta," = 100","　",
                 "和不同形状参数")))
```

Weibull密度当θ=100和不同形状参数

```
plot(z, dweibull(z, shape = 3, scale = scale_param[1]),
     type = "l", ylab = "Weibull 密度",lwd=2,font=2,font.lab =2)
for(k in 2:length(scale_param)){
     lines(z,dweibull(z, shape = 3, scale = scale_param[k]), lty = k,lwd=2,font=2)}
legend(300,0.023, c(expression(theta ~ '= 50'), expression(theta ~ '= 100'),
                    expression(theta ~ '= 150'), expression(theta ~ '= 200')),
       lty = 1:4,box.lty=0, lwd=2,cex=1.2)
title(substitute(paste("Weibull 线当","　", alpha, " = 3","　",
                 "和变化的尺度参数")))
```

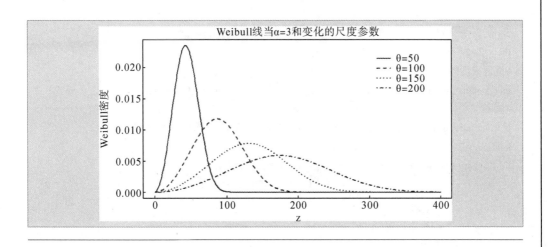

3.3 保险损失数据的特殊性对分布的影响

3.3.1 混合分布

【实验原理】常见的数据分布一般是单峰的，但是保险数据受产品类型和复杂赔付制度的影响，有些损失数据呈多峰分布。混合分布（Mixed 分布）是将多个单峰分布通过加权方式形成的一种多峰分布。下面给出 k 个分布的混合密度函数

$$f_X(x) = \sum_{i=1}^{k} p_i f_{X_i}(x) \tag{3-10}$$

其中 $0 < p_i < 1$，且 $\sum_{i=1}^{k} p_i = 1$。

【实验内容】熟悉混合分布的相关计算。

【实验过程】

代码 3-9　混合分布的密度函数线图示

```
# 密度函数的混合
# 下面给出两个伽玛分布形成的混合分布
#混合权重为 a_1, a_2
mixture_gamma_density <- function (x, a_1, a_2, alpha_gamma1, theta_gamma1, alpha_gamma2,
theta_gamma2) {
    a_1 * dgamma(x, shape = alpha_gamma1, scale = theta_gamma1) + a_2 *
        dgamma(x, shape = alpha_gamma2, scale = theta_gamma2)}
#给出变量序列值和参数
w <- 1:30000 / 100
a_1 <- 0.5
a_2 <- 0.5
alpha_1 <- 4
theta_1 <- 7
```

61

```
alpha_2 <- 15
theta_2 <- 7
#混合密度的计算
mix_gamma_dens <- mixture_gamma_density(w, a_1, a_2, alpha_1, theta_1, alpha_2, theta_2)
#画图
plot(w, mix_gamma_dens, type = "l", ylab = "Mixed Gamma 密度", lwd = 2, font = 2,
font.lab = 2)
title(substitute(paste("两个 Gamma 分布的混合密度分布")))
```

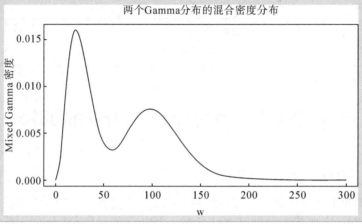

3.3.2　拼接分布

有时数据的不同部分呈现不同特征，比如，主体是伽玛分布，尾部则可能呈现极值分布的特征，此时需要采用不同分布拟合数据的不同部分，这就产生了拼接分布（Splicing 分布）。

【实验原理】给出 $f_X(x)$ 和 $f_Y(y)$ 两个不同分布，其拼接分布的密度函数表达式

$$f_X(x) = \begin{cases} p * \dfrac{f_X(x)}{F_X(c)} & x < c, \\[3mm] (1 - p) * \dfrac{f_Y(y)}{1 - F_Y(c)} & x > c \end{cases} \tag{3-11}$$

【实验内容】熟悉拼接分布的相关计算，思考拼接分布面临的主要挑战是什么。
【实验过程】

代码 3-10　指数分布和帕累托分布的拼接分布

```
#下面将给出一个指数分布和 Pareto 分布的拼接分布,拼接点为 c.
# 指数分布的范围 (0,c) , Pareto 分布的范围为 (c,\infty)
#拼接分布函数
splice_exp_par <- function (x, c, v, theta, gamma, alpha) {
  if (0 <= x & x < c) {return(v * dexp(x, 1 / theta) / pexp(c, 1 / theta))} else
    if (x >= c) {return((1 - v) * dparetoII(x, loc = 0, shape = alpha, scale =
```

```
theta) / (1 - pparetoII(x, loc = 0, shape = alpha, scale = theta)))}
}
#给出一组变量取值
x <- t(as.matrix(1:2500 / 10))

splice_values <- apply(x, 2, splice_exp_par, c = 100, v = 0.6,
                theta = 100, gamma = 200, alpha = 4)
plot(x, splice_values, type = 'l', ylab = "Splice 密度", lwd = 2, font = 2, font.lab = 2)
title(substitute(paste("splicing 分布密度函数")))
```

splicing分布密度函数

3.3.3 免赔额对分布的影响

为避免道德风险，很多保险产品设有免赔额，即当索赔额低于免赔额时，保险公司不予以赔偿。即保险公司的赔付额一般是索赔额扣除免赔额后的支付，且根据是否定义零赔付而分为 payment per loss（Y^L）和 payment per payment（Y^P）两种形式。

【实验原理】设损失额为随机变量 X，给定免赔额为 d，基于损失变量定义两个新的赔付变量 Y^L 和 Y^P，分别表示为

$$Y^L = (X - d)_+ = \begin{cases} 0 & X \leqslant d \\ X - d & X > d \end{cases} \tag{3-12}$$

$$Y^P = \begin{cases} \text{Undefined} & X \leqslant d \\ X - d & X > d \end{cases} \tag{3-13}$$

相应的概率密度函数分别为

$$f_{Y^L}(y) = \begin{cases} F_X(d) & y = 0 \\ f_X(y + d) & y > 0 \end{cases} \tag{3-14}$$

$$f_{Y^P}(y) = \frac{f_X(y + d)}{1 - F_X(d)}, \ y > 0 \tag{3-15}$$

其中 $Pr(Y^L = 0) = Pr(X \leqslant d) = F_X(d)$。

【实验内容】熟悉 coverage 函数的应用，图示比较 Y^L 和 Y^P 的密度线。

【实验过程】

代码 3-11　比较 Y^L 与 Y^P 的概率密度线（低免赔额）

```
#下面将以直观图的形式展示免赔额对分布的影响。
# 当损失额涉及免赔额、赔付限额,共同保险和通货膨胀时,函数 coverage( ) 可用于计算
#概率密度函数(PDF, probability density function) 或累积分布函数(CDF,cumulative
#distribution function) 。
#下面将首先给出 Y^L 的直观密度线图
#假设免赔额 d=1
#导入软件包
library( actuar)
# per.loss = TRUE 表示给出的是 Y^L 的密度分布
f <- coverage( dgamma, pgamma, deductible = 1, per.loss = TRUE)
#查看 fde 类型
mode( f)    # 这是一个函数
```

[1] "function"

```
# 首先计算离散点 Y^L =0 的概率
# 设伽玛分布的参数 shape =3 和 rate =1.
f(0, 3)    # mass at 0
```

[1] 0.0803014

```
#当免赔额为 1 时 , Pr(X ≤ 1) 即 pgamma(0 + 1, 3).
pgamma( 0 + 1, 3)    # 计算概率
```

[1] 0.0803014

```
#下面将伽玛分布的原始密度线,X > 1 时的部分伽玛分布密度线和左移单位 1 之后的密度线,以及
# Y^L =0 的离散点同时画在一张图上。
#直观概率密度图
curve( dgamma( x, 3), from = 0, to = 10, ylim = c(0, 0.3), lwd = 1, col = "gray", font.lab =
2)    # original
curve( dgamma( x, 3), from = 1, to = 10, ylim = c(0, 0.3), lty =2, lwd = 2, add = TRUE)
curve( f( x, 3), from = 0.01, lty = 3,col = "black", add = TRUE, lwd = 2)    # modified
points(0, f(0, 3), pch = 16, col = "black")
legend ( 6.5,0.3, c("Original pdf", "Original pdf( y>1)","Modified pdf"),
        lty = 1:3, box.lty=0, col = c("gray","black","black"), lwd=2, cex=1.2)
title( substitute( paste(" Y^L 的概率密度分布")))
```

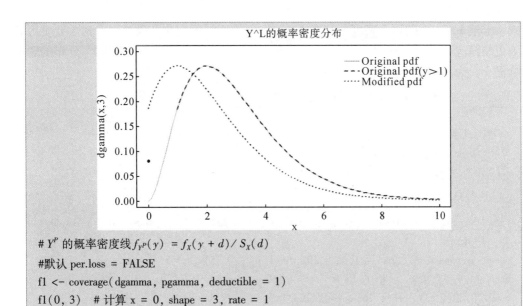

```
# Y^P 的概率密度线 f_{Y^P}(y) = f_X(y + d) / S_X(d)
#默认 per.loss = FALSE
f1 <- coverage(dgamma, pgamma, deductible = 1)
f1(0, 3)   # 计算 x = 0, shape = 3, rate = 1
```

[1] 0

```
f1(5, 3)   # 计算 x = 5, shape = 3, rate = 1
```

[1] 0.04851322

```
#按定义计算
dgamma(5 + 1, 3) / pgamma(1, 3, lower = FALSE)
```

[1] 0.04851322

```
curve(dgamma(x, 3), from = 0, to = 10, ylim = c(0, 0.3),
    lwd = 1, col = "gray", font.lab=2)   # original pdf
curve(dgamma(x, 3), from = 1, to = 10, ylim = c(0, 0.3), lty=2, add = TRUE, lwd = 2)
curve(f1(x, 3), from = 0.01, col = "black", lty=3,
    add = TRUE, lwd = 2)       # modified pdf
legend(7.5, 0.3, c("Original pdf", "Original pdf(y>1)", "Modified pdf"),
    lty = 1:3, box.lty=0, col = c("gray", "black", "black"), lwd=2, cex = 1.2)
title(substitute(paste("Y^P 的概率密度分布")))
```

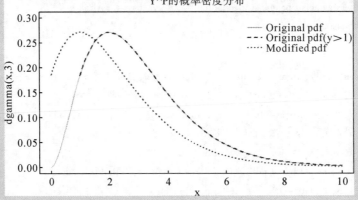

上述 Y^P 与 Y^L 的概率密度分布在 $X > 0$ 时，密度线看起来非常类似，这主要是因为免赔额选为 1 时，其相应概率 $P(Y^L = 0) = 0.080\ 301\ 4$，这使得其对 Y^P 分布的影响很小。为展示免赔额的影响，下面进一步调高免赔额。

代码 3-12　比较 Y^L 与 Y^P 的概率密度线（高免赔额）

```
#调整免赔额 deductible = 2
f2 <- coverage(dgamma, pgamma, deductible = 2, per.loss = TRUE)
f2(0, 3)  # mass at 0
```

[1] 0.3233236

```
curve( dgamma( x, 3), from = 0, to = 10, ylim = c( 0, 0.35), lwd = 1, col = "gray", font.lab =
2)  # original
curve( dgamma( x, 3), from = 1, to = 10, ylim = c( 0, 0.35), lty = 2, lwd = 2, add = TRUE)
curve( f2( x, 3), from = 0.01, lty = 3, col = "black", add = TRUE, lwd = 2)  # modified
points( 0, f2( 0, 3), pch = 16, col = "black")
legend ( 6.5, 0.3, c( "Original pdf", "Original pdf( y>2)", "Modified pdf"),
        lty = 1:3, box.lty = 0, col = c( "gray", "black", "black"), lwd = 2, cex = 1.2)
title( substitute( paste( " Y^L 的概率密度分布")))
```

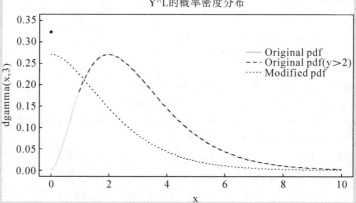

```
# per.loss = FALSE
f3 <- coverage( dgamma, pgamma, deductible = 2, per.loss = FALSE)
f3( 0, 3)  # mass at 0
```

[1] 0

```
curve ( dgamma( x, 3), from = 0, to = 10, ylim = c( 0, 0.45),
    lwd = 1, col = "gray", font.lab = 2)  # original pdf
curve( dgamma( x, 3), from = 1, to = 10, ylim = c( 0, 0.45), lty = 2, add = TRUE, lwd = 2)
curve ( f3( x, 3), from = 0.01, col = "black", lty = 3,
    add = TRUE, lwd = 2)      # modified pdf
legend ( 6.5, 0.4, c( "Original pdf", "Original pdf( y>2)", "Modified pdf"),
    lty = 1:3, box.lty = 0, col = c( "gray", "black", "black"), lwd = 2, cex = 1.2)
title( substitute( paste( "Y^P 的概率密度分布")))
```

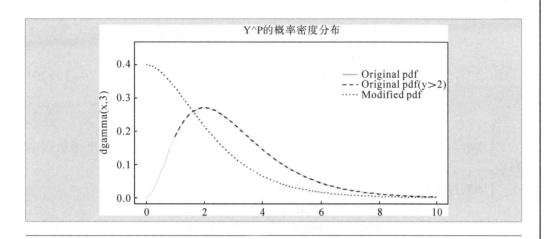

上述 Y^P 与 Y^L 的概率密度分布在 $X > 0$ 时，密度线的差异则比较显著，这主要是因为免赔额选为 2 时，其相应概率 $P(Y^L > 0) = 1-0.323\ 323\ 6$，其作为条件概率时对 Y^P 分布的影响比较显著。

3.3.4 赔付限额、共同保险和通货膨胀对分布的影响

赔付限额是保险公司为控制高风险，避免出现超大额索赔而设定的保险条款，即当损失超过赔付限额时，只赔付限额值，超出限额部分由被保险人自行承担或转投再保险公司。

【实验原理】赔付额变量可表示为

$$Y = X \wedge u = \begin{cases} X & X \leqslant u \\ u & X > u \end{cases} \tag{3-16}$$

其概率密度函数为

$$f_Y(y) = \begin{cases} f_X(y) & 0 < y < u \\ 1 - F_X(u) & y = u \end{cases} \tag{3-17}$$

同时存在免赔额和赔付限额时，赔付额变量为

$$Y^L = (X \wedge u) - (X \wedge d) = \begin{cases} 0 & X \leqslant d \\ X - d & d < X \leqslant u \\ u - d & X > u \end{cases} \tag{3-18}$$

同时存在免赔额、赔付限额和共同保险时，赔付额变量为

$$Y^L = \begin{cases} 0 & X \leqslant d \\ \alpha(X - d) & d < X \leqslant u \\ \alpha(u - d) & X > u \end{cases} \tag{3-19}$$

同时存在免赔额、赔付限额、共同保险和通货膨胀时，赔付额变量为

$$Y^L = \begin{cases} 0 & X \leqslant \dfrac{d}{1+r} \\ \alpha[(1+r)X - d] & \dfrac{d}{1+r} < X \leqslant \dfrac{u}{1+r} \\ \alpha(u-d) & X > \dfrac{u}{1+r} \end{cases} \qquad (3-20)$$

【实验内容】熟悉免赔额、赔付限额、共同保险和通货膨胀对密度函数线的影响。

【实验过程】

代码 3-13　比较 Y^L 与 Y^P 的概率密度线
（免赔额、赔付限额、共同保险和通货膨胀）

```
# per.loss = TRUE
f4 <-coverage( dgamma, pgamma, deductible = 1, limit = 100,
    coinsurance = 0.9, inflation = 0.05, per.loss = TRUE)  # create the object
f4(0, 3)  # calculate in x = 0, shape = 3, rate = 1
```

[1] 0.07175418

```
curve( dgamma( x, 3), from = 0, to = 10, ylim = c(0, 0.3),
    lwd = 1, col = "gray", font.lab=2)  # original pdf
curve( dgamma( x, 3), from = 1, to = 10, ylim = c(0, 0.3), lty=2, add = TRUE, lwd = 2)
curve( f4( x, 3), from = 0.01, col = "black", lty=3, add = TRUE, lwd = 2) #modified pdf
points( 0, f4( 0, 3), pch = 16, col = "black")
legend (7.5, 0.3, c("Original pdf", "Modified pdf"),
    lty = 1, box.lty=0, lwd=2, cex = 1.2, col = c("black", "black"))
title( substitute( paste(" Y^L 的概率密度分布(免赔额、赔付限额、共同保险和通货膨胀)")))
```

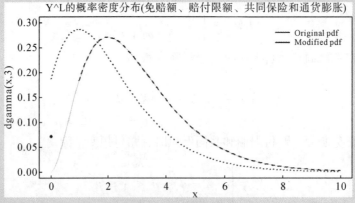

```
# per.loss = FALSE
f5 <- coverage( dgamma, pgamma, deductible = 1, limit = 100,
    coinsurance = 0.9, inflation = 0.05)  # create the object
f5(0, 3)  # calculate in x = 0, shape = 3, rate = 1
```

[1] 0

```
f5(5, 3)  # calculate in x = 5, shape = 3, rate = 1
```

[1] 0. 0431765

```
curve ( dgamma( x, 3), from = 0, to = 10, ylim = c(0, 0.3),
    lwd = 1, col = "gray", font.lab=2)   # original pdf
curve( dgamma( x, 3), from = 1, to = 10, ylim = c(0, 0.3), lty=2, add = TRUE, lwd = 2)
curve( f5( x, 3), from = 0. 01, col = "black", lty=3, add = TRUE, lwd = 2) #modified pdf
legend ( 7. 5,0. 3, c( "Original pdf", "Modified pdf"),
    lty = 1, box.lty=0, lwd=2, cex = 1.2, col = c( "black", "black"))
title( substitute( paste( "Y^P 的概率密度分布(免赔额、赔付限额、共同保险和通货膨胀)")))
```

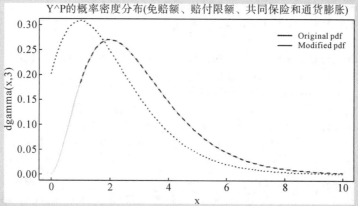

```
#为展示赔付限额的影响,将其调低
#更换赔付限额为 limit = 6
f6 <- coverage ( dgamma, pgamma, deductible = 1, limit = 6,
        coinsurance = 0. 9, inflation = 0. 05, per.loss = TRUE) #create the object
f6(0, 3)   # calculate in x = 0, shape = 3, rate = 1
```

[1] 0. 07175418

```
curve ( dgamma( x, 3), from = 0, to = 10, ylim = c(0, 0.3),
    lwd = 1, col = "gray", font.lab=2)   # original pdf
curve( dgamma( x, 3), from = 1, to = 10, ylim = c(0, 0.3), lty=2, add = TRUE, lwd = 2)
curve( f6( x, 3), from = 0. 01, col = "black", lty=3, add = TRUE, lwd = 2) #modified pdf
points( 0, f6(0, 3), pch = 16, col = "black")
legend ( 7. 5,0. 3, c( "Original pdf", "Modified pdf"),
    lty = 1, box.lty=0, lwd=2, cex = 1.2, col = c( "black", "black"))
title( substitute( paste( " Y^L 的概率密度分布(免赔额、赔付限额、共同保险和通货膨胀)")))
```

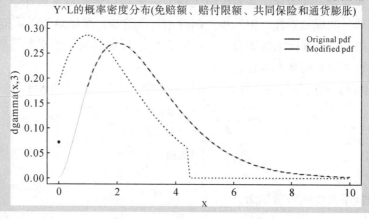

69

```
f7 <- coverage (dgamma, pgamma, deductible = 1, limit = 6,
         coinsurance = 0.9, inflation = 0.05)   # create the object
f7(0, 3)   # calculate in x = 0, shape = 3, rate = 1
```

[1] 0

```
f7(5, 3)   # calculate in x = 5, shape = 3, rate = 1
```

[1] 0

```
curve (dgamma(x, 3), from = 0, to = 10, ylim = c(0, 0.3),
     lwd = 1, col = "gray", font.lab=2)    # original pdf

curve(dgamma(x, 3), from = 1, to = 10, ylim = c(0, 0.3), lty=2, add = TRUE, lwd = 2)
curve(f7(x, 3), from = 0.01, col = "black", lty=3, add = TRUE, lwd = 2) #modified pdf
legend (7.5,0.3, c("Original pdf", "Modified pdf"),
     lty = 1, box.lty=0, lwd=2, cex = 1.2, col = c("black", "black"))
title(substitute(paste("Y^P 的概率密度分布(免赔额、赔付限额、共同保险和通货膨胀)")))
```

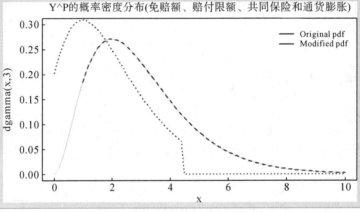

3.3.5　相对免赔额对分布的影响

相对免赔额（Franchise Deductible）和绝对免赔额的区别在于：相对免赔额一般以百分数或一定金额表示，若被保险人损失低于相对免赔额，则保险公司不承担相对免赔额部分的理赔责任，但若损失超过相对免赔额，则保险公司承担全部损失；绝对免赔额则是指被保险人需要自己承担的部分，只有超过了绝对免赔额部分的费用，保险公司才会承担理赔责任。

【实验原理】相对免赔额条件下，赔付额变量 Y^L 和 Y^P，分别表示为

$$Y^L = (X)_+ = \begin{cases} 0 & X \leqslant d \\ X & X > d \end{cases} \tag{3-21}$$

$$Y^P = \begin{cases} \text{Undefined} & X \leqslant d \\ X & X > d \end{cases} \tag{3-22}$$

相应的概率密度函数分别为

$$f_{Y^L}(y) = \begin{cases} F_X(d) & y = 0 \\ 0 & 0 < y \leqslant d \\ f_X(y) & y > d \end{cases} \qquad (3-23)$$

$$f_{Y^P}(y) = \begin{cases} 0 & 0 \leqslant y \leqslant d \\ \dfrac{f_X(y)}{1 - F_X(d)} & y > d \end{cases} \qquad (3-24)$$

其中 $Pr(Y^L = 0) = Pr(X \leqslant d) = F_X(d)$ 。

【实验内容】熟悉相对免赔额对 Y^P 与 Y^L 的概率密度线的影响。

【实验过程】

代码 3-14　比较 Y^L 与 Y^P 的概率密度线（相对免赔额）

```
# 相对免赔额 franchise = TRUE
# per.loss = TRUE
f8 <- coverage(dgamma, pgamma, deductible = 1, per.loss = TRUE, franchise = TRUE)
f8(0, 3)  # mass at 0
```

```
[1] 0.0803014
```

```
pgamma(1, 3)  # idem
```

```
[1] 0.0803014
```

```
f8(0.5, 3)  # 0 < x < 1
```

```
[1] 0
```

```
f8(1, 3)  # x = 1
```

```
[1] 0
```

```
f8(5, 3)  # x > 1
```

```
[1] 0.08422434
```

```
dgamma(5, 3)
```

```
[1] 0.08422434
```

```
curve(dgamma(x, 3), from = 0, to = 10, lwd = 2, ylim = c(0, 0.3), col = "gray", font.lab =
2)  # original
curve(f8(x, 3), from = 1.1, col = "black", lty = 2, add = TRUE)  # modified
points(0, f(0, 3), pch = 16, col = "black")  # mass at 0
curve(f8(x, 3), from = 0.1, to = 1, col = "black", lty = 2, add = TRUE)  # 0 < x < 1
legend(7.5, 0.3, c("Original pdf", "Modified pdf"),
lty = 1, box.lty = 0, lwd = 2, cex = 1.2, col = c("black", "black"))
title(substitute(paste("Y^L 的概率密度分布(相对免赔额)")))
```

71

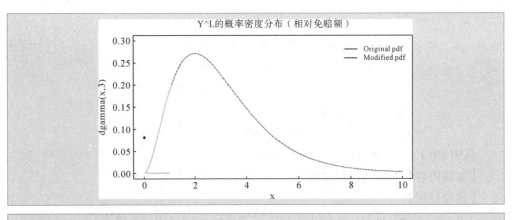

Y^L的概率密度分布（相对免赔额）

```
# Franchise deductible
# per.loss = FALSE
f9 <- coverage( dgamma, pgamma, deductible = 1, franchise = TRUE)
f9(0, 3)    # x = 0
```

[1] 0

```
f9(0.5, 3)    # 0 < x < 1
```

[1] 0

```
f9(1, 3)    # x = 1
```

[1] 0

```
f9(5, 3)    # x > 1
```

[1] 0.09157819

```
dgamma(5, 3) / pgamma(1, 3, lower = FALSE)    # idem
```

[1] 0.09157819

```
curve( dgamma( x, 3), from = 0, to = 10, lwd = 2, ylim = c(0, 0.3), col = "gray", font.lab =
2)    # original
curve( f9( x, 3), from = 1.1, col = "black", lty = 2, add = TRUE)    # modified
curve( f9( x, 3), from = 0, to = 1, col = "black", lty = 2, add = TRUE)    # 0 < x < 1
legend (7.5, 0.3, c("Original pdf", "Modified pdf"),
    lty = 1, box.lty = 0, lwd = 2, cex = 1.2, col = c("black", "black"))
title( substitute( paste("Y^P 的概率密度分布（相对免赔额）")))
```

Y^P的概率密度分布（相对免赔额）

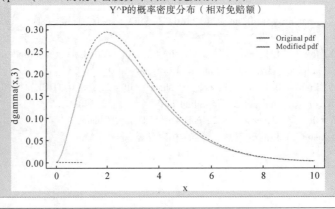

3.4 随机数

3.4.1 伽玛分布的随机数

随机变量的抽样序列被称为随机数。如果是正态分布的随机变量，则称其抽样序列为正态随机数。计算机用数学方法产生随机数，是根据确定的算法推算出来的，因此严格说来，用数学方法在计算机上产生的"随机数"，不能说是真正的随机数，故一般称之为"伪随机数"。不过对这些伪随机数，只要通过统计检验使其符合一些统计要求，如随机性、独立性等，就可以作为真正的随机数来使用。

【实验原理】设随机变量 X 的累积分布函数为 $F_X(x)$，给定 $0 < U < 1$，则

$$x = F_X^{-1}(U) \tag{3-25}$$

即 x 为来自 $F_X(x)$ 的随机数。

【实验内容】抽取伽玛分布的随机数，并分析其矩特征。

【实验过程】

代码 3-15　伽玛分布的随机数及其特征

```
# Gamma 分布的随机数
#导入软件包
library(moments)
set.seed(2)    # 设定种子
#随机数的个数
n_tot <- 20000
#Gamma 分布的参数
alpha <- 2

theta <- 100
# 函数 rgamma() 将从 Gamma 分布中随机抽取随机数.
losses <- rgamma(n_tot, alpha, scale = theta)
summary(losses)
```

```
Min.      1st Qu.    Median     Mean       3rd Qu.      Max.
0.0921    96.3265    167.8035   200.1747   268.2257     1110.1298
```

```
#分位数函数 quantile() 将给出概率的相应分位数.
#给出概率序列
k <- seq(0.01,1,0.1)
#计算相应分位数,并进行比较
percentile_gamma <- qgamma(k,alpha, scale = theta)
percentile_gamma
```

```
[1]   14.85547   56.33910   85.19749 112.46892 140.53126 171.04731 206.00348 248.68824
306.25395 402.17176
```

```
percentile_loss <- quantile(losses,k)
percentile_loss
```

1%	11%	21%	31%	41%	51%	61%	71%	81%	91%
14.26981	57.23905	85.57249	112.69732	141.31196	170.93235	205.31580	248.84947		

306.11950 404.27304

```
##比较随机数与理论分布的原点矩 函数 moment() 可以计算所有矩.
#计算 k 阶原点矩
#函数 round() 用于将值四舍五入到特定数量,参数 digits 设定位数.
library(pander)
# 理论分布的原点矩
k <- 0.5
T_0.5 <- round(((theta^k) * gamma(alpha + k)) / gamma(alpha), digits = 2)
# 随机数的原点矩
S_0.5 <- round(moment(losses, order = k, central = FALSE), 2)


k <- 1
T_1 <- ((theta^k) * gamma(alpha + k)) / gamma(alpha)
S_1 <- round(moment(losses, order = k, central = FALSE), 2)
k <- 2
T_2 <- ((theta^k) * gamma(alpha + k)) / gamma(alpha)
S_2<-round(moment(losses, order = k, central = FALSE),2)
k <- 3
T_3<-((theta^k) * gamma(alpha + k)) / gamma(alpha)
S_3 <- round(moment(losses, order = k, central = FALSE), 2)


k <- 4
T_4 <- ((theta^k) * gamma(alpha + k)) / gamma(alpha)
S_4 <- round(moment(losses, order = k, central = FALSE), 2)
pander(rbind(c("k", 0.5, 1, 2, 3, 4), c("Theoretical", T_0.5, T_1, T_2, T_3, T_4),
        c("Simulated", S_0.5, S_1, S_2, S_3, S_4)))
```

k	0.5	1	2	3	4
Theoretical	13.29	200	60000	2.4e+07	1.2e+10
Simulated	13.3	200.17	60069.73	23993892.53	11897735665.89

从上述结果可以看出,从伽玛分布中抽取的随机数,其分位数和原点矩与原始伽玛分布的相应值均近似,这说明抽取的随机数的特征与原伽玛分布的特征近似,从而这些随机数可以看作是有代表性的样本。

3.4.2 聚合风险模型

对一份保单而言,可能发生多次索赔,因此其风险实际为所有索赔的累积赔付。一般采用聚合风险模型研究累积索赔额。

【实验原理】设 N 为索赔次数，X_i 为第 i 次索赔的额度，则相应的累积赔付额可表示为

$$S_N = X_1 + \cdots + X_N \tag{3-26}$$

其中 $\{X_i\}$ 是独立同分布，且与 N 独立，其累积分布函数为

$$
\begin{aligned}
F_{S_N}(s) &= Pr(X_1 + \cdots + X_N \le s) \\
&= E[Pr(X_1 + \cdots + X_N \le s \mid N = n)] = E[F_X^{*N}(s)] \\
&= p_0 + \sum_{n=1}^{\infty} p_n F_X^{*n}(s)
\end{aligned} \tag{3-27}
$$

变量 S 的累积分布函数含有无穷级数，其概率密度函数表达式复杂，因此对 S 分布的认识一般借助从 S 分布中抽取的随机数的分布来表现。

当存在免赔额 d 时，Stop-loss 保费为

$$
E(S_N - d)_+ = \begin{cases} \int_d^{\infty} (s-d) f_{S_N}(s) \, ds & S_N \text{ 为连续变量} \\ \sum_{s>d} (s-d) f_{S_N}(s) & S_N \text{ 为离散变量.} \end{cases} \tag{3-28}
$$

【实验内容】熟悉聚合风险模型的分布特征、风险指标和 Stop-loss 保费的计算。

【实验过程】

代码 3-16　聚合风险模型的特征

```
#聚合风险模型
#变量 N 为索赔次数,X_i 为第 i 次索赔的赔付额,则累积赔款为 S = X_1 + … + X_N
#Assume N ~ Poisson(lambda=2) and X ~ Pareto(alpha=3,theta=5000)
#给定参数
lambda <- 2
alpha <- 3
theta <- 5000
#分别给出索赔次数 N 和 赔款额度 X 的分布图
par(mfrow=c(1,2))
#泊松分布的变量取值
n <- 1:10
fn <- dpois(1:10,lambda)
plot(n,fn,ylim=c(0,0.3),main="频率: Poisson", lwd=2,font=2,font.lab=2)
abline(h=0,lty=2)
# Pareto 分布的变量取值
x <- seq(1,25000,1)
fx <- alpha * theta^alpha/(x+theta)^(alpha+1)

plot(x,fx,type="l",main="赔款额: Pareto", lwd=2,font=2,font.lab=2)
```

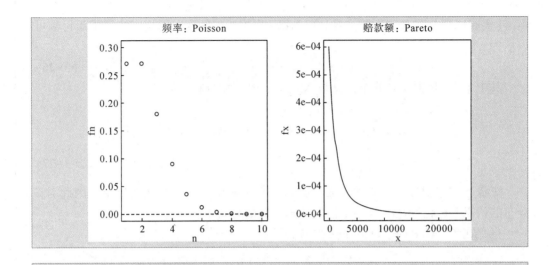

```
set.seed( 123 )
#将从 S 中抽取 5000 个随机数
size <- 5000
#用于储存随机数的空向量
S <- rep( NA, size )
#首先从泊松分布中抽取 5000 个随机数
N <- rpois( size, lambda )
#抽取 5000 个 S 的随机数
for ( i in 1:size ) {
    uu <- runif( N[ i ] )
    X <- theta * ( ( 1-uu )^( -1/alpha )-1 )
    S[ i ] <- sum( X )
}
#画图
par( mfrow = c( 1, 2 ) )
#S 随机数的直方图
hist( S, freq = F, breaks = 100, main = "S 的直方图" )
#随机数的经验分布函数
plot( ecdf( S ), xlab = "S", lwd = 2, font = 2, font.lab = 2 )
```

```
#S 随机数的一些数字特征
#样本均值
mean(S)
[1] 4829.894
#样本标准差
sd(S)
[1] 6585.567
#分位数
quantile(S,prob=c(0.05,0.5,0.95))
       5%        50%        95%
    0.000    2846.073   15983.408
#计算概率 Pr(S=0)
sum((S==0))/size
[1] 0.1348
#计算 Pr(S<=E(S))
sum(S<=mean(S))/size
[1] 0.6578
#计算 Pr(S>E(S))
sum(S>mean(S))/size#
[1] 0.3422
#计算风险度量指标 VaR 和 CTE(TVaR)
#置信水平 0.01
VaR <- quantile(S,prob=0.99)
CTE <- sum(S*(S>VaR))/sum((S>VaR))
rm <- c(VaR,CTE)
names(rm) <- c("VaR","CTE")
print(rm)
```

```
     VaR        CTE
  28636.56   43193.19
```

```
# 当给定不同免赔额时,利用 S 随机数计算 stop-loss 保费
par(mfrow=c(1,1))
#免赔额向量
d <- seq(0,120000,1000)
#用于储存定价的空向量
price <- rep(NA,length(d))
for (i in 1:length(d)){
  price[i] = sum((S-d[i])*(S>d[i]))/size
}

plot(d,price,xlab="免赔额",ylab="Stop-Loss 保费",type="b",lwd=2,font=2,font.lab=2)
```

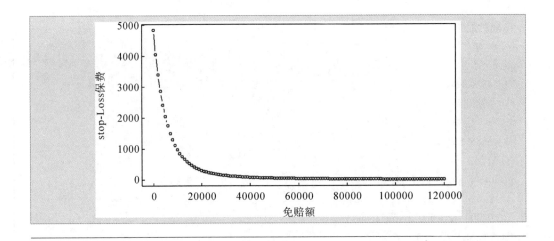

3.5 抽样分布

3.5.1 正态总体的抽样分布

抽样分布也称统计量分布，是指样本估计量的分布。样本估计量是样本的一个函数，样本不同，则统计量取值不同，因此样本统计量是一个变量。以样本平均数为例，它是总体平均数的一个估计量，如果按照相同的样本容量，相同的抽样方式，反复地抽取样本，每次可以计算出一个平均数，所有可能样本的平均数所形成的分布，就是样本平均数的抽样分布。

【实验原理】设随机样本 X_1，…，X_n 来自正态总体 $N(\mu, \sigma^2)$，则样本均值统计量满足

$$\frac{\bar{X} - \mu}{\frac{\sigma}{\sqrt{n}}} \sim N(0, 1) \tag{3-29}$$

【实验内容】比较样本和样本均值分布的差异。

【实验过程】

代码 3-17　样本和样本均值的图示比较（标准正态总体）

```
#从正态分布中抽取随机数
set.seed(100)
#从标准正态分布中随机抽取 100 个随机数
x = rnorm(n=100, mean=0, sd=1)
#随机数的常见特征
summary(x)
```

Min.	1st Qu.	Median	Mean	3rd Qu.	Max.
-2.271926	-0.608847	-0.059420	0.002913	0.655891	2.581959

```
hist( x, main = "样本的直方图( 正态总体)")
```

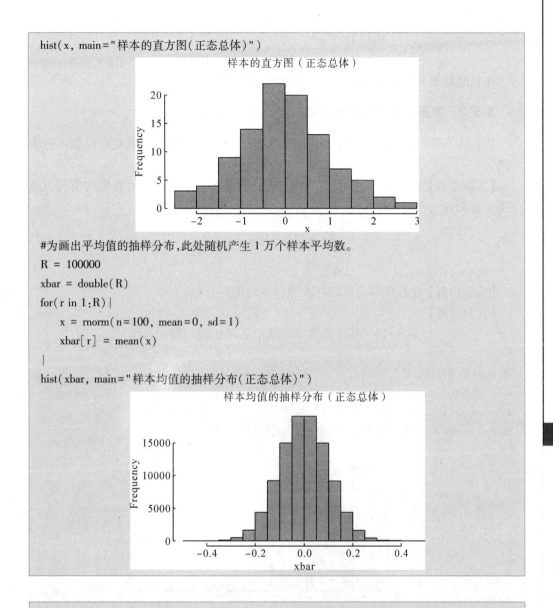

```
#为画出平均值的抽样分布,此处随机产生 1 万个样本平均数。
R = 100000
xbar = double( R)
for( r in 1:R) {
    x = rnorm( n = 100, mean = 0, sd = 1)
    xbar[ r] = mean( x)
}
hist( xbar, main = "样本均值的抽样分布( 正态总体)")
```

```
#样本均值
mean( xbar)
```

[1] −0.0001930137

```
#样本方差
var( xbar)
```

[1] 0.009980368

　　本例为从标准正态总体中抽取 100 000 组样本,每组样本含 100 个随机数,每组样本可得一个样本均值,最终获得 100 000 组样本均值。与标准正态总体相比,样本均值的期望在零值附近,但是方差显著变小,这是因为

$$E(\bar{X}) = E(X) = \mu = 0 \tag{3-30}$$

$$\mathrm{Var}(\bar{X}) = \frac{\mathrm{Var}(X)}{n} = \frac{\sigma^2}{n} = \frac{1}{100} = 0.01 < \frac{1}{10\,000} = 0.000\,1 \qquad (3\text{-}31)$$

注意此处的 n 为样本容量，而不是随机数的个数。

3.5.2　非正态总体的抽样分布

当总体不是正态分布时，样本均值服从什么样的分布呢？下面我们以伽玛分布为例。

【实验原理】设随机样本 $X_1, \cdots, X_n$ 独立同分布，相应总体的有限均值和方差分别为 μ 和 σ^2，则

$$\frac{\bar{X} - \mu}{\frac{\sigma}{\sqrt{n}}} \sim N(0, 1), \ n \to \infty \qquad (3\text{-}32)$$

【实验内容】比较伽玛总体的样本和样本均值的分布。

【实验过程】

代码 3-18　样本和样本均值的图示比较（伽玛总体）

```
#Gamma 分布的随机数
set.seed(100)
x = rgamma(100, shape = 1, scale = 0.2)
hist(x, breaks = 11, main = "样本直方图(伽玛总体)")
```

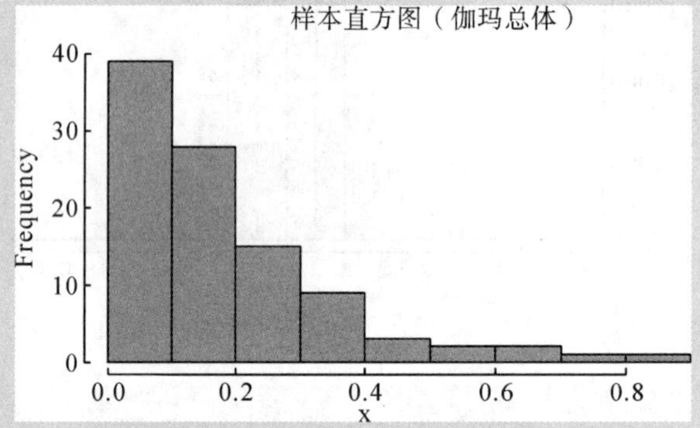

样本直方图（伽玛总体）

```
#10000 个来自 Gamma 分布的样本均值
R = 100000

xbar = double(R)
for(r in 1:R){

  x = rgamma(100, shape = 1, scale = 0.2)
  xbar[r] = mean(x)
}
hist(xbar, main = "样本均值的抽样分布(伽玛总体)")
```

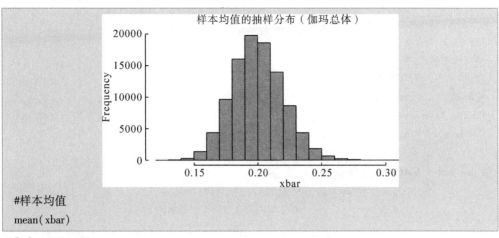

```
#样本均值
mean(xbar)
```

[1] 0.1999696

```
#样本方差
var(xbar)
```

[1] 0.0004005076

为比较伽玛总体与其样本均值的相关特征，下面分别计算总体与均值的期望和方差：

首先，伽玛总体的数字特征

$$E(X) = \alpha\beta = 1 * 0.2 = 0.2 \tag{3-33}$$

$$\mathrm{Var}(X) = \alpha\beta^2 = 1 * 0.2 * 0.2 = 0.04 \tag{3-34}$$

其次，样本均值的数字特征

$$E(\bar{X}) = E(X) = 0.2 \tag{3-35}$$

$$\mathrm{Var}(\bar{X}) = \mathrm{Var}(X)/n = 0.04/100 = 0.000\ 4 \tag{3-36}$$

这些结果与其随机数计算的估计值非常接近，这说明这 100 000 个随机数实际的分布与理论分布很接近。

不管是正态总体还是伽玛总体，其样本均值的抽样分布都呈现对称分布，由中心极限定理知，样本均值的分布逼近服从正态分布。下面考虑离散总体的样本均值统计量的分布。

【实验原理】设随机样本 $X_1, \cdots, X_n$ 独立同分布于 $Poi(\lambda)$，则

$$\frac{\bar{X} - \lambda}{\dfrac{\lambda}{\sqrt{n}}} \sim N(0, 1)，n \to \infty \tag{3-37}$$

【实验内容】熟悉泊松分布的样本均值分布。

【实验过程】

代码 3-19　样本和样本均值的图示比较（泊松总体）

```
#下面研究离散总体的样本均值的分布
#将模拟泊松分布中的观测值，并检查这些观测值的样本均值的经验分布
```

```
set.seed(1337)
mu          = 10
sample_size = 50
samples     = 100000
x_bars      = rep(0, samples)
for(i in 1:samples){
  x_bars[i] = mean(rpois(sample_size, lambda = mu))
}
x_bar_hist = hist(x_bars, breaks = 50,
            main = "样本均值的直方图(泊松总体)")
```

样本均值的直方图（泊松总体）

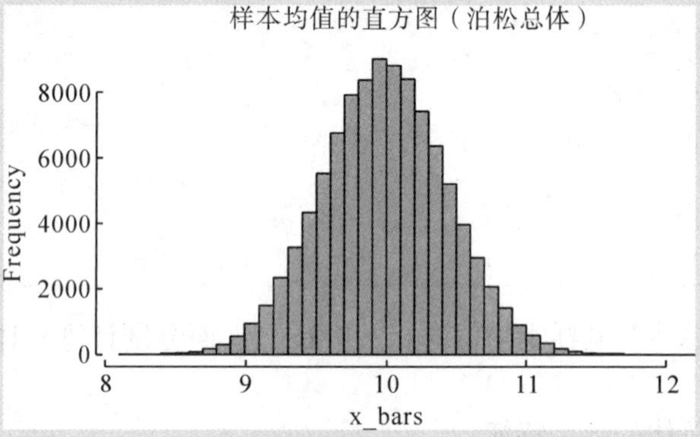

根据经验分布的样本统计量与基于总体分布的已知值进行比较。
```
c(mean(x_bars), mu)
```

[1] 10.00008 10.00000

```
#样本方差
c(var(x_bars), mu / sample_size)
```

[1] 0.1989732 0.2000000

```
#样本标准差
c(sd(x_bars), sqrt(mu) / sqrt(sample_size))
```

[1] 0.4460641 0.4472136

3.5.3 t 分布与标准正态分布的关系

【实验原理】t 分布在形状上类似于标准正态分布，都是关于 y 轴对称的单峰分布，但其尾部更重。随着自由度参数的增加，t 分布变得越来越逼近标准正态分布。下面将绘制一个标准正态分布以及四个具有不同自由度的 t 分布。请注意，自由度越大的 t 分布与标准正态曲线越接近。

【实验内容】图示 t 分布随参数增加逼近标准正态分布的过程。

【实验过程】

代码 3-20　*t* 分布与参数的关系

```
# X 的取值范围
x = seq(-4, 4, length = 100)
# 画出标准正态分布
plot(x, dnorm(x), type = "l", lty = 1, lwd = 2,
    xlab = "x", ylab = "Density", main = "标准正态分布 VS t 分布")
# 增加 t 分布线
lines(x, dt(x, df = 1), lty = 2, lwd = 2, col = "gray")
lines(x, dt(x, df = 3), lty = 3, lwd = 2, col = "gray")
lines(x, dt(x, df = 5), lty = 4, lwd = 2, col = "gray")
lines(x, dt(x, df = 10), lty = 5, lwd = 2, col = "gray")
# add legend
legend(1.8, 0.4, title = "分布",
    legend = c("t, df = 1", "t, df = 3", "t, df = 5", "t, df = 10", "标准正态分布"),
lwd = 2, lty = c(5, 4, 3, 2, 1),
    col = c("gray", "gray", "gray", "gray", "black"))
```

本章代码索引

保/险/统/计/学/实/验/教/程

4 点估计

- -

当总体分布形态已知，而参数未知时，一般根据给定的样本对未知参数给出估计。参数估计分为点估计和区间估计两种形式。点估计是指根据样本给出参数的单一估计值。区间估计是根据样本给出参数的置信区间和置信水平，这部分在下一章中将详细给出说明。点估计的两种常见方法为矩估计和极大似然估计。

4.1 矩估计

矩估计是指用样本矩及其函数去替换相应的总体矩及其函数。样本矩是样本的函数，总体矩是待估参数的函数，因此得到的参数的点估计是样本的函数，一般表示为

$$\hat{\theta} = \hat{\theta}(x_1, \cdots, x_n) \tag{4-1}$$

4.1.1 泊松分布

【实验原理】泊松分布参数的矩估计计算公式为

$$\hat{\lambda} = \bar{x} = \frac{1}{n} \sum_{i=1}^{n} x_i \tag{4-2}$$

【实验内容】利用数据 dataCar 中赔付次数估计泊松分布参数的据估计。

【实验过程】

代码 4-1 泊松分布的矩估计

```
# Poisson 分布参数的矩估计等于索赔次数的样本均值
mean( dataCar0 $ numclaims)
```

[1] 0.07275701

4.1.2 正态分布的矩估计

【实验原理】正态分布及其参数的矩估计计算公式为

$$f(x; \mu, \sigma^2) = \frac{1}{\sqrt{2\pi\sigma^2}} \exp\left(-\frac{1}{2\sigma^2}(x_i - \mu)^2\right) \tag{4-3}$$

$$\hat{\mu} = \bar{x} = \frac{1}{n} \sum_{i=1}^{n} x_i \tag{4-4}$$

$$\hat{\sigma}^2 = s^2 = \frac{1}{n-1} \sum_{i=1}^{n} (x_i - \bar{x})^2 \tag{4-5}$$

【实验内容】利用随机模拟数据估计正态分布参数的矩估计。

【实验过程】

代码4-2 正态分布的矩估计

```
#数据的产生
set.seed(100)
#抽取随机数100个
x <- rnorm(n = 100, mean = 20, sd = 5)
mean(x)
```

[1] 20.01456

```
sd(x)
```

[1] 5.103552

4.2 极大似然估计

4.2.1 极大似然估计的意义

【实验原理】已知随机样本 $x_1, \cdots, x_n$ 来自分布函数 $P(x; \theta)$，其相应的联合分布函数 $P(x_1, \cdots, x_n; \theta) = P(x_1; \theta), \cdots, P(x_n; \theta)$，表达了样本出现的概率。一次实验就获得了这组样本，说明这组样本发生的概率很大。对已经确定的样本 $x_1, \cdots, x_n$，θ 值的不同使得相应联合分布函数 $P(x_1, \cdots, x_n; \theta)$ 的取值不同，也可以理解为来自不同分布（参数 θ 不同）的样本的联合分布函数也就不同。那么这组样本到底来自于哪个分布呢？确定分布就是确定参数 θ 的取值。因此目的是找一个 $\hat{\theta}$，使这组样本最大可能来自其相应分布，即

$$\hat{\theta} = \max_{\theta} P(x_1, \cdots, x_n; \theta) \tag{4-6}$$

当随机变量为连续型变量时，采用联合概率密度函数刻画样本的联合分布值，也称为似然函数

$$\hat{\theta} = \max_{\theta} f(x_1, \cdots, x_n \mid \theta) = \max_{\theta} \prod_{i=1}^{n} f(x_i \mid \theta) \tag{4-7}$$

对数似然函数

$$\hat{\theta} = \max_{\theta} \log f(x_1, \cdots, x_n; \theta) = \max_{\theta} \log \left(\prod_{i=1}^{n} f(x_i; \theta) \right) = \max_{\theta} \sum_{i=1}^{n} \log f(x_i; \theta)$$

$$\tag{4-8}$$

【实验内容】以正态分布为例，说明极大似然估计的意义。

【实验过程】

代码 4-3　参数与对数似然函数的关系

```
# 正态分布随机数的产生
set.seed(100)
x = rnorm(100, mean=20, sd=5)
#期望
mean(x)
```

[1] 20.01456

```
# 向量数据 x 在参数为(mean=20, sd=5)正态分布下的一系列对数密度函数值
dnorm(x, mean=20, sd=5, log=TRUE)
#对数似然函数的和(mean=20)
sum(dnorm(x, mean=20, sd=5, log=TRUE))
```

[1] -304.4096

```
#对数似然函数的和(mean=25)
sum(dnorm(x, mean=25, sd=5, log=TRUE))
```

[1] -354.1184

由此可以看出，正态分布的方差确定（sd=5），均值参数不同（mean=20 和 mean=25）时，对应的对数似然函数的和也不同。即对同一组样本而言，参数不同相应的对数似然函数和也不同。

代码 4-4　参数与对数似然函数的关系点图

```
#给定 mean 的一系列取值
index = seq(15, 25, by=.1)
#样本量
R = length(index)
#给定 0 值向量
loglike = double(R)
#不同 mean 下向量 x 的对数似然函数和值
for(r in 1:R){
    loglike[r] = sum(dnorm(x, mean=index[r], sd=5, log=TRUE))
}

#参数 mean 与相应对数似然函数和值的点图
plot(index, loglike, type="l")
abline(v=index[which.max(loglike)], col=2, lty=2)
```

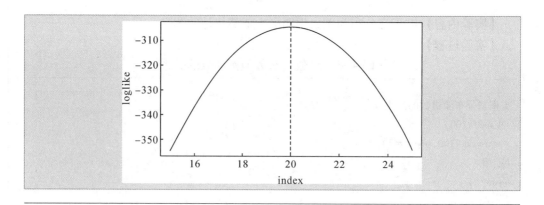

对数极大似然函数随参数的变化而变化，其呈先增加后减少的趋势。参数取值在 20 附近使似然函数达到最大值。为找到参数的确定取值，进一步进行下面的计算。

代码 4-5　参数最大值和对数极大似然函数值

```
#找出使对数似然函数达到极大值的参数
index[which.max(loglike)]
```

[1] 20

```
#给出极大值参数对应的极大对数似然函数值
sum(dnorm(x, mean = index[which.max(loglike)], sd = 5, log = TRUE))
```

[1] -304.4096

从上面可以看出对数似然函数极大化求解过程中，参数是事先给定取值范围的。当参数的范围不同时，会有什么样的变化呢?

代码 4-6　不同参数与对数似然函数的关系

```
#给定 mean 的另外一组值
index = seq(15, 25, by = 0.7)
R = length(index)
#给定 0 值向量
loglike = double(R)
#不同 mean 下向量 x 的对数似然函数值

for(r in 1:R){
    loglike[r] = sum(dnorm(x, mean = index[r], sd = 5, log = TRUE))
}
##mean 与相应对数似然函数值的点图
plot(index, loglike, type = "l")
abline(v = index[which.max(loglike)], col = 2, lty = 2)
```

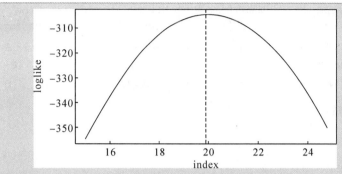

```
# 在多个均值参数 index 中找出使对数似然函数和值达到最大的那个参数
index[ which.max( loglike ) ]
```

[1] 19. 9

```
#
sum( dnorm( x, mean = index[ which.max( loglike ) ], sd = 5, log = TRUE ) )
```

[1] -304. 4355

因此可以看出给定的参数取值范围不同，找到的极大似然函数的估计值也就不同。给出参数的步长越短，得到的估计越准确。

4.2.2 常见分布的极大似然估计

1. 泊松分布的极大似然估计

【实验原理】泊松分布参数的极大似然估计计算公式为

$$\hat{\lambda}_{MLE} = \bar{x} = \frac{1}{n}\sum_{i=1}^{n} x_i \qquad (4-9)$$

【实验内容】数据 dataCar 中赔付次数数据，估计泊松分布参数的极大似然估计。

【实验过程】

代码 4-7 赔付次数数据基本信息

```
library( insuranceData )
#查看数据变量名
names( dataCar )
```

[1] "veh_value" "exposure" "clm" "numclaims" "claimcst0" "veh_body" "veh_age" "gender" "area"
[10] "agecat"   "X_OBSTAT_"

```
#查看数据量
dim( dataCar )
```

[1] 67856   11

```
#剔除无意义变量 X_OBSTAT_
dataCar0 <- subset ( dataCar, select = -c( X_OBSTAT_ ) )
#查看数据前 4 行
dataCar0[ 1:4, ]
```

89

	veh_value	exposure clm	numclaims	claimcst0	veh_body	veh_age	gender	area	agecat
1	1. 06	0. 3039014	0	0	0	HBACK	3	F	C	2
2	1. 03	0. 6488706	0	0	0	HBACK	2	F	A	4
3	3. 26	0. 5694730	0	0	0	UTE	2	F	E	2
4	4. 14	0. 3175907	0	0	0	STNWG	2	F	D	2

```
#赔付次数的频数统计
table( dataCar0 $ numclaims)
```

	0	1	2	3	4
	63232	4333	271	18	2

索赔次数的取值为离散的整数，符合泊松分布的形式。下面根据计算公式求其参数的极大似然估计。

代码 4-8　泊松分布参数的极大似然估计

```
#方法 1
#样本均值
mean( dataCar0 $ numclaims)
```

[1] 0. 07275701

```
#方法 2
library( MASS)
fitdistr( dataCar0 $ numclaims, "Poisson")
```

```
lambda
  0. 072757015
 (0. 001035484)
```

为进一步理解离散分布的参数与极大似然函数的关系。将给出分解的极大似然估计过程。

代码 4-9　泊松分布参数的极大似然估计过程

```
#样本量
n <- length( dataCar0 $ numclaims)
n
```

[1] 67856

```
#样本量太大, 只展示前 20 个样本, 以便于了解其信息
dataCar0 $ numclaims[ 1:20]
```

[1] 0 0 0 0 0 0 0 0 0 0 0 0 0 0 1 0 1 1 0 0

```
#前 20 个样本相应概率值
dpois( dataCar0 $ numclaims[ 1:20], lambda = 0. 5)
```

[1] 0. 6065307 0. 6065307 0. 6065307 0. 6065307 0. 6065307 0. 6065307 0. 6065307 0. 6065307
0. 6065307 0. 6065307 0. 6065307

[12] 0. 6065307 0. 6065307 0. 6065307 0. 3032653 0. 6065307 0. 3032653 0. 3032653
0. 6065307 0. 6065307

```
##前 20 个样本相应对数概率值
# Logarithmic 概率
log( dpois( dataCar0 $ numclaims[1:20], lambda = 0. 5))
```

[1] -0. 500000 -0. 500000 -0. 500000 -0. 500000 -0. 500000 -0. 500000 -0. 500000 -0. 500000 -
0. 500000 -0. 500000 -0. 500000

[12] -0. 500000 -0. 500000 -0. 500000 -1. 193147 -0. 500000 -1. 193147 -1. 193147 -0. 500000
-0. 500000

```
##前 20 个样本相应对数概率值的和
sum( log( dpois( dataCar0 $ numclaims[1:20], lambda = 0. 5)))
```

[1] -12. 07944

```
# 定义整组数据 dataCar0 $ numclaims 的对数似然函数
loglikPois <- function ( parms){
    # Defines the Poisson loglikelihood function
    lambda = parms[1]
    llk <- sum( log( dpois( dataCar0 $ numclaims, lambda)))
    llk
}

#参数的取值范围
lambdax <- seq(0, . 2, . 01)
#不同参数值对应的对数似然函数值
    loglikex <- 0 * lambdax
for ( i in 1:length( lambdax))

{
loglikex[i] <- loglikPois( lambdax[i])
}
#画图
plot( lambdax, loglikex)
#填线
abline( v = lambdax[ which. max( loglikex)], col = 2, lty = 2)
```

```
lambdax[which.max(loglikex)]
```

[1] 0.07

```
sum(log(dpois(dataCar0 $ numclaims, lambdax[which.max(loglikex)])))
```

[1] -18105.14

不管是离散分布还是连续分布，其参数与相应的对数似然函数都存在类似的关系：对数似然函数随参数的变化而先增加后减小。

2. 负二项分布的极大似然估计

【实验原理】负二项分布参数的极大似然估计计算公式

似然函数

$$L(\pi; \; x_i) = \prod_{i=1}^{n} \binom{x_i - 1}{k - 1} \pi^k (1 - \pi)^{x_i - k} \tag{4-10}$$

对数似然函数

$$l(\pi; \; x_i) = \sum_{i=1}^{n} \left[\log\left(\frac{x_i - 1}{k - 1}\right) + k\log(\pi) + (x_i - k) \log(1 - \pi) \right] \tag{4-11}$$

求偏导

$$\frac{\mathrm{d}l(\pi; \; x_i)}{\mathrm{d}\pi} = \sum_{i=1}^{n} \left[\frac{k}{\pi} - \frac{(x_i - k)}{(1 - \pi)} \right] \tag{4-12}$$

令偏导等于零，得

$$\hat{\pi} = \frac{nk}{\sum_{i=1}^{n} x_i} \tag{4-13}$$

负二项分布参数的估计难点是 n 的估计，很难有显示表达，因此引入优化最小化函数 nlminb 进行迭代近似估计。

【实验内容】数据 dataCar 中赔付次数数据，估计负二项分布参数的极大似然估计。

【实验过程】

代码 4-10　负二项分布参数的极大似然估计过程

```
#负二项分布的分布函数
dnb <- function (y, r, beta){
    # Defines the (negative) negative binomial loglikelihood function
    gamma(y + r) / gamma(r) / gamma(y + 1) * (1 / (1 + beta))^r * (beta / (1 + beta))^y
}
#负的对数似然函数
loglikNB <- function (parms){
    r = parms[1]
    beta = parms[2]
    llk <- -sum(log(dnb(dataCar0 $ numclaims, r, beta)))
    llk
}
```

```
#参数初始值
ini.NB <- c(1, 1)
#nlminb 函数最小化负的对数似然函数
zop.NB <- nlminb(ini.NB, loglikNB, lower = c(1e-6, 1e-6), upper = c(Inf, Inf))
print(zop.NB)
```

$ par

[1] 1.15683927 0.06289294

##The maximum likelihood estimator of r, 1.15683927, is not an integer.

$ objective

[1] 18049.68

$ convergence

[1] 0

$ iterations

[1] 28

$ evaluations

function gradient

　　34　　　　69

$ message

[1] "relative convergence (4)"

In output, $ par = (MLE of r, MLE of beta), $ objective = - loglikelihood value

```
#期望
zop.NB $ par[1] * zop.NB $ par[2]
```

[1] 0.07275702

```
#对数似然函数
-zop.NB $ objective
```

[1] -18049.68

3. 正态分布的极大似然估计

【实验原理】正态分布的概率密度函数为

$$f(x; \mu, \sigma^2) = \frac{1}{\sqrt{2\pi\sigma^2}} \exp\left(-\frac{1}{2\sigma^2}(x_i - \mu)^2\right) \tag{4-14}$$

其极大似然估计为

$$\hat{\mu}_{MLE} = \bar{x} = \frac{1}{n}\sum_{i=1}^{n} x_i, \tag{4-15}$$

$$\hat{\sigma}^2_{MLE} = \frac{1}{n}\sum_{i=1}^{n}(x_i - \bar{x})^2 \tag{4-16}$$

【实验内容】利用随机模拟数据估计正态分布参数的极大似然估计。

代码 4-11　正态分布参数的极大似然估计 I

```
#方法 1
# 采用程序包 bbmle 进行 MLEs.
# install.packages("bbmle")
library(bbmle)
#随机数
x<-rnorm(100,100,5)
m <- mle2(x ~ dnorm(mean = mu, sd = sd), start = list(mu = 110, sd = sqrt(20)), data = data.frame
(x))
m
```

Call：
mle2(minuslogl = x ~ dnorm(mean = mu, sd = sd), start = list(mu = 110,
　　sd = sqrt(20)), data = data.frame(x))
Coefficients：
　　　　mu　　　　　sd
99.538004　4.876817
Log-likelihood：-300.35

```
#置信区间
confint(m)
```

　　　　2.5 %　　97.5 %
mu　98.572841　100.503220
sd　4.272073　5.639833

代码 4-12　正态分布参数的极大似然估计 II

```
#方法 2
#利用优化函数求极大似然估计
#定义对数似然函数
lik_norm <- function(par){
# par[1] = mean
# par[2] = sd
    log_like<-sum(dnorm(x, par[1], par[2], log=TRUE))
    return(-sum(log_like))
  }


# "optim" 函数是最小化函数
MLE_norm = optim(c(110,sqrt(20)), # initial values for mu and sigma
                 fn = lik_norm, # function to maximize
                 hessian = T #计算 Hessian 矩阵,因为需要置信区间
)
MLE_norm
```

$ par   #参数的 MLEs

[1] 99. 536075   4. 876753

$ value   # 负的 log-likelihood function

[1] 300. 3462

$ counts

function   gradient

      63   NA

$ convergence   # A value of 0 indicates normal convergence

[1] 0

$ message   # This shows warnings of any problems

NULL

$ hessian   # hessian 阵

          [,1]   [,2]

[1,] 4. 204733955 0. 003372563

[2,] 0. 003372563 8. 410578630

两种方法的点估计结果相差无几，但第 1 种方法更好用，可以很方便地给出区间估计的结果。

4. 伽玛分布的极大似然估计

【实验原理】随机样本 x_1, …, x_n 独立同分布于 $x_i \sim$ Gamma (α, β)，其概率密度函数为

$$f(x; \alpha, \beta) = \frac{1}{\Gamma(\alpha)} \beta^\alpha x^{\alpha-1} e^{-\beta x} \qquad (4-17)$$

样本相应的似然函数为

$$L(\alpha, \beta) = \prod_{i=1}^{n} f(x_i; \alpha, \beta) = \left(\frac{\beta^\alpha}{\Gamma(\alpha)}\right)^n \prod_{i=1}^{n} x_i^{\alpha-1} \exp(-\beta x_i) \qquad (4-18)$$

参数的矩估计为

$$\hat{\alpha} = \frac{\bar{x}^2}{S^2} \qquad (4-19)$$

$$\hat{\beta} = \frac{\bar{x}}{S^2} \qquad (4-20)$$

但矩估计无法给出可靠性说明。当参数的极大似然函数估计不存在显示表达式时，矩估计常作为参数迭代估计方法的初始值。

参数的极大似然估计为

$$\hat{\beta} = \frac{\alpha}{\bar{x}} \qquad (4-21)$$

$$n\left(\ln\hat{\alpha} - \ln\bar{x} - \frac{d}{d\alpha}\ln\Gamma(\hat{\alpha})\right) + \sum_{i=1}^{n} \ln x_i = 0 \qquad (4-22)$$

显然 $\hat{\alpha}$ 的求解比较复杂。尤其是 $\frac{d}{d\alpha}\ln\Gamma(\hat{\alpha})$，即很难获得参数 α 的显示表达式。

【实验内容】利用随机模拟数据估计伽玛分布参数的极大似然估计。

【实验过程】

代码 4-13　伽玛分布参数的极大似然估计 Ⅰ

```
#方法 1
# 采用程序包 bbmle 进行 MLEs.
library(bbmle)
#随机数
set.seed(100)
x<-rgamma(100, shape = 10, rate = 2)
#查看部分数据
head(x)
```

[1] 4.007594 2.620371 6.214926 4.931975 5.253733 3.895710

```
#样本均值
mean(x)
```

[1] 4.880219

```
#样本方差
var(x)
```

[1] 2.101004

```
#参数 beta 的矩估计
beta<-mean(x)/var(x)
beta
```

[1] 2.322803

```
#参数 alpha 的矩估计
alpha<-mean(x)^2/var(x)
alpha
```

[1] 11.33579

```
# mle2 函数求参数极大似然估计
# 矩估计将作为 start
m <- mle2(x~dgamma(shape=shape,rate=rate),start=list(shape=alpha,rate=beta),data=data.
frame(x))
m
```

Call：

mle2(minuslogl = x ~ dgamma(shape = shape, rate = rate), start = list(shape = alpha, rate = beta), data = data.frame(x))

Coefficients：

shape　　　rate

10.677687　2.187953

Log-likelihood：-178.81

```
#置信区间
confint(m)
```

```
        2.5 %      97.5 %
shape 8.026456 13.867969
rate  1.631752  2.857283
```

除了 mle2 函数外，伽玛分布的参数也可以采用优化的方式进行估计。此处以伽玛分布的另一种表达形式为例

$$f(x;\ \alpha,\ \beta) = \frac{1}{\beta^\alpha \Gamma(\alpha)} x^{\alpha-1} e^{-x/\beta} \tag{4-23}$$

此时参数的矩估计为

$$\hat{\alpha} = \frac{\bar{x}^2}{S^2} \tag{4-24}$$

$$\hat{\beta} = \frac{S^2}{\bar{x}} \tag{4-25}$$

显然两种伽玛分布中 α 的矩估计形式相同，β 估计相互为倒数。

代码 4-14　伽玛分布参数的极大似然估计 Ⅱ

```
#alpha 的矩估计
momalpha <- mean(x)^2/var(x)
momalpha
```

[1] 11.33579

```
#beta 的矩估计
mombeta <- var(x)/mean(x)
mombeta
```

[1] 0.4305143

```
#定义函数----负的对数似然函数
gmll2 <- function(theta,datta)
{ gmll2 <- -sum(dgamma(datta,shape=theta[1],scale=theta[2],log=T))
  gmll2
}
#利用 nlm 估计多元函数求极值，以 momalpha,mombeta 为初始值
fit<-nlm(gmll2,c(momalpha,mombeta),hessian=T,datta=x)
fit
```

$ minimum
[1] 178.8094

$ estimate
[1] 10.6778033   0.4570428

$ gradient

[1] -1.408069e-06 -1.804779e-05

$ hessian

　　　　[,1]　　　[,2]

[1,]　9.816397　218.7739

[2,] 218.773948 5107.2728

$ code

[1] 1

$ iterations

[1] 7

```
#计算 hessian 矩阵的逆
fisher_info <- solve(fit $ hessian)
fisher_info
upper <- fit1 $ par+1.96 * prop_sigma
lower <- fit1 $ par-1.96 * prop_sigma
```

　　　　[,1]　　　　[,2]

[1,]　2.24695294 -0.09624995

[2,] -0.09624995　0.00431874

```
#标准差
prop_sigma <- sqrt(diag(fisher_info))
```

[1] 1.49898397 0.06571712

```
#两参数上界
upper <- fit $ estimate+1.96 * prop_sigma
upper
```

[1] 13.6158119　0.5858484

```
#两参数下界
lower <- fit $ estimate-1.96 * prop_sigma
lower
```

[1] 7.7397947 0.3282373

4.2.3　不完整样本的极大似然估计

【实验原理】数据不完整是指只知道数据的范围，不知道其准确取值，此时样本相应概率分布用区间分布函数替代原单点样本的分布函数。

【实验内容】损失变量 X 的分布函数为 $F(x) = 1 - (\theta/x)$，$x > 0$，随机抽取 20 个样本，其取值见表 4.1。

表 4.1 损失样本的频数

区间	频数
(0, 10]	9
(10, 25]	6
(25, ∞)	5

利用上述不完整样本计算 θ 的极大似然估计。

【实验过程】

代码 4-15 不完整样本的极大似然估计

```
# 不完整样本的对数似然函数
lik_grp <- function (theta) {
  log_like <- log(((1 - (theta / 10))^9) * (((theta / 10) - (theta / 25))^6) *
                 (((theta / 25))^5))
  return(-sum(log_like))
}
# "optim" 函数是最小化函数
grp_lik <- optim(c(1), lik_grp, method = c("L-BFGS-B"), hessian = TRUE)
grp_lik
```

```
$ par
[1] 5.5
$ value
[1] 21.40918
$ counts
function gradient
     8        8
$ convergence
[1] 0
$ message
[1] "CONVERGENCE: REL_REDUCTION_OF_F <= FACTR * EPSMCH"
$ hessian
        [,1]
[1,] 0.8080809
```

```
#参数估计值
grp_lik $ par
```

```
[1] 5.5
```

```
# 标准
sqrt(diag(solve(grp_lik $ hessian)))
```

```
[1] 1.11243
```

```
# t-statistics
( tstat <- grp_lik $ par / sqrt(diag(solve(grp_lik $ hessian))))
```

[1] 4.944132

```
# 画出负的对数似然函数与参数的关系图
vllh <- Vectorize(lik_grp, "theta")
theta <- seq(0, 10, by = 0.01)
plot(theta, vllh(theta), pch = 16, main = "负的对数似然函数", cex = .25, xlab = expression
(theta), ylab = expression(paste("L(", theta, ")"))), lwd = 2, font = 2, font.lab = 2)
abline(v = theta[which.min(vllh(theta))], col = 2, lty = 2)
```

负的对数似然函数

```
#参数 θ 极大似然估计
theta[which.min(vllh(theta))]
```

[1] 5.5

```
#对数似然函数最大值
-vllh(theta[which.min(vllh(theta))])
```

[1] -21.40918

本章代码索引

5 区间估计和假设检验

党的二十大的胜利召开，引导我们永远跟党走。作为共产党员，编者将立足岗位，砥砺前行，恪尽职守，将传承共产党人的初心与使命，为党的教育事业贡献青春和力量！无数前辈已经为我们树立了榜样。我国的概率论与数理统计的先驱者许宝騄教授，在独立随机变量列的强大数定律、参数估计理论、假设检验理论等方面都取得了卓越成就，并且是世界公认的多元统计分析的奠基人之一；他在北大举办了国内第一门概率统计的讲习课，为我国培养了一批概率统计学科教学和科研的人才。许教授献身祖国、献身科学的精神值得我们学习，其极大地增强我们的民族自豪感和文化自信，激励我们为祖国的繁荣富强和中国梦的实现而努力学习。

5.1 单总体参数的区间估计和假设检验

5.1.1 单总体均值

假设总体 $X \sim N(\mu, \sigma^2)$，有放回抽取样本 x_i，$i = 1$，$\cdots$，n，基于这组样本比较总体均值 μ 与原均值 μ_0 的关系，主要分为三种，见表 5.1。

表 5.1　正态总体均值的三种检验形式

单一总体均值		
研究问题	总体均值是否不同于 μ_0	总体均值是否大于 μ_0	总体均值是否小于 μ_0
原假设 H_0	$\mu = \mu_0$	$\mu = \mu_0$	$\mu = \mu_0$
备择假设 H_1	$\mu \neq \mu_0$	$\mu > \mu_0$	$\mu < \mu_0$
检验类型	双边检验	右尾检验	左尾检验

基于样本也可以对总体均值（μ）进行区间估计。正态总体下均值参数的相关检验统计量分为两种情况：

1. 正态总体，总体方差 σ^2 已知

【实验原理】检验统计量为 Z 统计量，即

$$z = \frac{\bar{x} - \mu}{\frac{\sigma}{\sqrt{n}}} \sim N(0,\ 1) \tag{5-1}$$

其中 $\bar{x} = \dfrac{\sum\limits_{i=1}^{n} x_i}{n}$。

总体均值（μ）的置信水平为 $1 - \alpha$ 的置信区间为 $\left[\bar{x} - z_{\alpha/2} \dfrac{\sigma}{\sqrt{n}},\ \bar{x} + z_{\alpha/2} \dfrac{\sigma}{\sqrt{n}} \bar{x} \right]$。

首先我们介绍在此条件下常用检验统计量的 R 代码，见代码 5-1，以及其中参数的意义，见表 5.2。

代码 5-1　z.test 的基本介绍

```
# σ² 已知时常用检验
library(PASWR)
z.test(x, y = NULL,
       alternative,
       mu, sigma.x = NULL, sigma.y = NULL,
       conf.level = 0.95)
```

表 5.2　z.test 的参数说明

参数	意思	用法
x	非空数据集	
y	非空数据集	y = NULL 时为单样本问题
alternative	备择假设	默认检验类型为双边检验（"two.sided"，"less"，"greater"）
mu	均值	默认 mu＝0。单样本检验时，设定的均值，可以指定任意值。
sigma. x	x 总体的标准差	
sigma. y	y 总体的标准差	
conf. level	置信水平	默认 0.95

下面以实例说明。但保险行业中的赔款额一般取值大于或等于 0，均不服从正态分布，因此此处不以赔款额为例。

【实验内容】用天平秤某物体的重量 9 次，得平均值为 $\bar{x} = 15.4$（克），已知天平秤量结果为正态分布，其标准差为 0.1 克。

（1）试求该物体重量的 0.95 置信区间；

（2）如果已知某物体的标注重量为 15 克，在显著性水平 $\alpha = 0.05$ 下，请问这个天平秤是否称重准确？

【实验过程】

代码 5-2　单个总体均值区间估计的分解步骤（σ^2 已知）

```
#方法 1:按区间估计的详细过程进行区间估计
xbar = 15.4    # 样本均值
n = 9 #样本量
sigma = 0.1                   # 总体已知标准差
sem = sigma/sqrt(n); sem       # 样本均值的标准差
```

[1] 0.03333333

```
E = qnorm(.975) * sem          # 估计半径
#样本均值加减区间估计的半径即得置信区间
xbar + c(-E, E)
```

[1] 15.33467 15.46533

代码 5-3　单个总体均值区间估计的简略步骤（σ^2 已知）

```
方法 2:如果原始样本数据给定,则课采取简略步骤计算
mea<- seq(15,15.8,0.1)
library(TeachingDemos)          # load TeachingDemos package
z.test(mea,alternative= "two.sided", mu=15, sd=sigma)
#同时给出区间估计和假设检验的结果,默认原假设 mu=0,此处 mu=15。
```

One Sample z-test

data： mea

z = 12, n = 9.000000, Std. Dev. = 0.100000, Std. Dev. of the sample mean = 0.033333, p-value < 2.2e-16

alternative hypothesis: true mean is not equal to 15

95 percent confidence interval:

15.33467 15.46533

sample estimates:

mean of mea

　15.4

　　该物体重量95%的置信区间为 [15.334 67, 15.465 33]。双边检验的 P 值小于5%。因此拒绝原假设，即数据显示该天平测量是不准确的。

　　第 1 种方法是按区间估计的计算公式进行的，仅给出了区间估计的结果。第 2 种方法是借助 Z 检验统计量，可以同时给出区间估计和假设检验的结果。从两种结果来看，其区间估计的结果是相同的。

　　上述问题是在给定样本数据的条件下，当然其样本量也给定，从而确定95%的置信水平下的置信区间。而如果给定置信水平和置信区间（区间半径为 E），即给定

精度和可靠度，那么需要选择多大的样本量可以达到这个要求？

$$n \geqslant \frac{(z_{\alpha/2})^2 \sigma^2}{E^2} \qquad (5-2)$$

【实验内容】设总体为正态分布 $N(\mu, 1)$，为使得 μ 的置信水平为 0.95 的置信区间长度不超过 1.2，样本容量应为多大？

【实验过程】

代码 5-4　单个总体样本量的确定（σ^2 已知）

```
#已知数据
zstar = qnorm(.975)
sigma = 1
E = 1.2/2
#样本量的计算公式
zstar^2 * sigma^2/ E^2
```

[1] 10.67072

因此样本容量应为 11。注意样本容量的确定不是采用四舍五入的原则，而是采用放大原则。

2. 正态总体，总体方差 σ^2 未知（样本量较小，$n < 30$）

【实验原理】检验统计量为 t 统计量，即

$$t = \frac{\bar{x} - \mu}{S/\sqrt{n}} \sim t_{n-1} \qquad (5-3)$$

其中 $S = \sqrt{\dfrac{1}{n-1} \sum\limits_{i=1}^{n} (x_i - \bar{x})^2}$。总体均值（$\mu$）的置信水平为 $1 - \alpha$ 的置信区间为

$$\left[\bar{x} - t_{n-1, \frac{\alpha}{2}} \frac{S}{\sqrt{n}}, \ \bar{x} + t_{n-1, \alpha/2} \frac{S}{\sqrt{n}} \right]$$

注意 $P(t > t_{n-1}(\alpha/2)) = \alpha/2$。

在此条件下常用检验统计量的 R 代码，见代码 5-5，以及其中参数的意义，见表 5.3。

代码 5-5　t.test 的基本介绍

```
#导入程序包
library(stats)
t.test(x, y = NULL,
    alternative = c("two.sided", "less", "greater"),
    mu = 0, paired = FALSE, var.equal = FALSE,
    conf.level = 0.95, ...)
```

表 5.3　t.test 的参数说明

参数	意思	用法
x	非空数据集	
y	非空数据集	y = NULL 时为单总体问题
alternative	备择假设	默认为双边检验（"two.sided"，"less"，"greater"）
mu	均值	默认 mu = 0。单样本检验时设定的均值，可以指定任意值。
paired	逻辑参数	若 paired = T，为配对检验，则必须指定 x 和 y，并且它们必须是相同的长度。
var.equal	逻辑参数	两样本检验时总体方差是否相等。若 var.equal = T，则使用汇总的方差估计。默认 var.equal 为 FALSE，则为两组分别估计方差，并使用对自由度的 Welch 修改。
conf.level	置信水平	默认 0.95

【实验内容】假设轮胎的寿命服从正态分布。为估计某种轮胎的平均寿命，现随机地抽 12 只轮胎试用，测得它们的寿命（单位：万公里）如下：

　　　4.68　　4.85　　4.32　　4.85　　4.61　　5.02

　　　5.20　　4.60　　4.58　　4.72　　4.38　　4.70

（1）试求轮胎平均寿命的 0.95 置信区间；

（2）如果已知原轮胎的寿命为 5 万公里，在显著性水平 $\alpha = 0.05$ 下，请问这批轮胎的寿命是否存在变化？

【实验过程】

代码 5-6　单个总体均值区间估计和双边检验（σ^2 未知）

```
#已知数据
data_50<-c(4.68,4.85,4.32,4.85,4.61,5.02,5.20,4.60,4.58,4.72,4.38,4.70)
t.test(data_50, alternative= "two.sided", mu=5, conf.level = 0.95)
```

```
    One Sample t-test

data：  data_50
t = -4.0626, df = 11, p-value = 0.001875
alternative hypothesis：true mean is not equal to 5
95 percent confidence interval：
4.551601 4.866732
sample estimates：
mean of x
 4.709167
```

```
#p-value 的检验
#Pt 为 t 分布的 cdf 函数
2 * pt(-4.0626,11)
```

[1] 0.001874887

双边检验的 p-value = 0.001 875<0.05，落入拒绝域。因此拒绝原假设，认为这批轮胎的均值有变化。与原总体均值相比，这批轮胎的均值是如何变化的，即需要进行单边检验。

代码5-7 单个总体均值区间估计和单边检验（σ^2 未知）

```
#样本均值
mean(data_50)
```

[1] 4.709167

```
#轮胎寿命是否有所降低？
t.test(data_50, alternative="less", mu=5, conf.level = 0.95)
```

    One Sample t-test

data： data_50
t = -4.0626, df = 11, p-value = 0.0009375
alternative hypothesis：true mean is less than 5
95 percent confidence interval：
    -Inf 4.837732
sample estimates：
mean of x
    4.709167

单边检验的 p-value = 0.000 937 5 < 0.05，落入拒绝域。因此拒绝原假设，认为这批轮胎的均值有显著降低。注意此处的区间估计也是单边的结果。

3. 非正态总体

很多数据我们并不能事先知道其总体服从什么分布，还有些数据根据其取值情况可以判定其不服从正态分布，比如我们提到的赔款额。下面我们研究这类总体的均值参数的区间估计和假设检验。

【实验原理】针对这类总体的均值参数，一般采用中心极限定理，即样本均值逼近服从正态分布，其统计量表示为 Z 统计量

$$z = \frac{\bar{x} - \mu}{\frac{\sigma}{\sqrt{n}}} \sim N(0, 1) \tag{5-4}$$

此时只能考虑大样本（$n \geqslant 30$）的情况。当总体方差已知时，直接代入上式来求置信区间。当总体方差未知时，用样本方差代替总体方差。总体均值（μ）的置信水平为 $1 - \alpha$ 的置信区间为

$$\left[\bar{x} - t_{n-1, \frac{\alpha}{2}} \frac{S}{\sqrt{n}}, \ \bar{x} + t_{n-1, \alpha/2} \frac{S}{\sqrt{n}} \right]$$

以赔款额为例，其是不服从正态分布的总体。

【实验内容】

（1）试求车险数据 dataCar 中赔款额均值的 0.95 置信区间；

（2）假设赔款额分布的均值为 2 000，在显著性水平 $\alpha = 0.05$ 下，那么这组数据的赔款额均值是否有所不同？

【实验过程】

代码 5-8　非正态总体均值的区间估计和假设检验

```
#数据导入
library(insuranceData)
#导入软件包 MASS
library(MASS)
dataCar0 <- subset (dataCar, select = -c(X_OBSTAT_))
#只选择非零赔款额
dataCar_claimcst <- subset(dataCar, claimcst0 > 0)
claimcst0.response = na.omit(dataCar_claimcst $ claimcst0)
#样本量
length(claimcst0.response)
```

[1] 4624

```
sd(claimcst0.response)
```

[1] 3548.907

```
z.test(claimcst0.response, alternative = "two.sided", mu = 2000, sd = sd(claimcst0.response), conf.
level = 0.95)
```

One Sample z-test

data：claimcst0.response

z = 0.27599, n = 4624.00, Std. Dev. = 3548.91, Std. Dev. of the sample mean = 52.19, p-value = 0.7826

alternative hypothesis：true mean is not equal to 2000

95 percent confidence interval：

1912.114 2116.694

sample estimates：

mean of claimcst0.response

2014.404

赔款额均值的 0.95 置信区间 [1 912.114, 2 116.694]，双边检验的 p-value = 0.782 6 > 0.05，落入接受域。因此接受原假设，认为这组数据的赔款额均值没有显著性变化。

4. 比率的区间估计

总体 $X \sim Binomial(n, p)$，具有某种特征的样本数可以看作 0-1 分布的和 $X =$

$\sum_{i=1}^{n} Y_i$，其中 Y_i 为是否具有某种特征的示性函数。比例 p 可以看到是一个特殊的平均数。因比例 p 未知，往往样本比例的标准差 $\sqrt{\dfrac{p(1-p)}{n}}$ 也未知。关于总体比例的假设检验分为三种，见表 5.4。

表 5.4　二项分布比率的假设检验形式

单一总体比例			
研究问题	总体比率是否不同于 p_0	总体比率是否大于 p_0	总体比率是否小于 p_0
原假设 H_0	$p = p_0$	$p = p_0$	$p = p_0$
备择假设 H_1	$p \neq p_0$	$p > p_0$	$p < p_0$
检验类型	双尾检验	右尾检验	左尾检验

代码 5-9　二项式检验 binom. test 的基本介绍

```
#计算精确的二项式检验。样本量较小时推荐使用
binom.test(x, n, p,
           alternative,
           conf.level)
```

表 5.5　binom. test 的参数说明

参数	意思	用法
x	具有某种特征的样本数	
n	样本总数	y = NULL 时为单样本问题
p	假设检验的原假设比率值	检验的理论概率，当 p = NULL 时，默认各组间比例均匀分布，比如男女两组的话即为 0.5。
alternative	备择假设	默认检验类型为双边检验("two.sided"，"less"，"greater")
conf.level	置信水平	默认 0.95

【实验原理】检验统计量为 Z 统计量，即

$$z = \frac{\hat{p} - p_0}{\sqrt{\dfrac{p_0(1-p_0)}{n}}} \sim N(0, 1) \qquad (5-5)$$

其中 $\hat{p} = \dfrac{x}{n}$。总体比率（p_0）的置信水平为 $1 - \alpha$ 的置信区间为

$$\left[\hat{p} - z_{\alpha/2}\sqrt{\frac{\hat{p}(1-\hat{p})}{n}}, \ \hat{p} + z_{\alpha/2}\sqrt{\frac{\hat{p}(1-\hat{p})}{n}} \right]$$

当样本取值较大时，二项式分布的累积概率计算比较烦琐。根据中心极限定理，有样本较大时，其均值（此处是比率）分布与正态分布近似，其采用 prop. test 检验。

代码 5-10　比率检验 prop. test 的基本介绍

```
#当样本量较大(N> 30)时可以使用
prop.test( x, n, p = NULL,
          alternative,
          conf.level, correct = TRUE)
```

表 5.6　prop. test 的参数说明

参数	意思	用法
x	具有某种特征的样本数	
n	样本总数	y = NULL 时为单样本问题
p	假设检验的原假设比率值	检验的理论概率，当 p = NULL 时，默认各组间比例均匀分布，比如男女两组的话即为 0.5。
alternative	备择假设	默认检验类型为（"two.sided"，"less"，"greater"）
conf.level	置信水平	默认 0.95
correct	逻辑参数	设置是否使用 Yates 连续修正，默认为 TRUE。

correct：请注意，默认情况下，函数 prop. test（）使用 Yates 连续性校正，如果预期事件发生次数（$n \times p_0$）或不发生次数（$n \times q$）小于 5，则这个选项会发动技能，进行矫正。如果不希望进行校正，请使用 correct = FALSE 。correct 的默认值是 TURE。（如果要使结果与数学手工计算的未矫正的 z 检验结果一模一样，必须将此选项设置为 FALSE）。

【实验内容】

（1）试求车险数据 dataCar 中女性比率的 0.95 置信区间；

（2）假设女性比率为 0.5，在显著性水平 α = 0.05 下，那么这组数据的比率是否有所不同？

【实验过程】

代码 5-11　单个总体比率的估计

```
# 被投保人是女性的比例点估计
library( MASS)                    # load the MASS package
gender.response = na.omit( dataCar_claimcst $ gender)
n = length( gender.response)      # valid responses count
k = sum( gender.response == "F")
pbar = k/n; pbar
```

[1] 0.5726644

```
#被投保人是女性的比率
binom.test(k,n, p = 0.5, alternative="two.sided",conf.level=0.95)
```

Exact binomial test

data：k and n

number of successes = 2648, number of trials = 4624, p-value < 2.2e-16

alternative hypothesis：true probability of success is not equal to 0.5

95 percent confidence interval：

0.5582556 0.5869813

sample estimates：

probability of success

     0.5726644

```
#被投保人是女性的比率(correct = TRUE)
prop.test(k, n, p = 0.5, alternative="two.sided", conf.level=0.95, correct = TRUE)
```

1-sample proportions test with continuity correction

data：k out of n, null probability 0.5

X-squared = 97.37, df = 1, p-value < 2.2e-16

alternative hypothesis：true p is not equal to 0.5

95 percent confidence interval：

0.5582428 0.5869643

sample estimates：

    p

  0.5726644

```
#被投保人是女性的比率(correct = FALSE)
prop.test(k, n, p = 0.5, alternative="two.sided", conf.level=0.95, correct = FALSE)
```

1-sample proportions test without continuity correction

data：k out of n, null probability 0.5

X-squared = 97.661, df = 1, p-value < 2.2e-16

alternative hypothesis：true p is not equal to 0.5

95 percent confidence interval：

0.5583513 0.5868568

sample estimates：

    p

0.5726644

    三种方法对女性比率的区间估计大致相同，为 $[0.558, 0.587]$，双边检验的 P 值远小于置信水平 0.05，因此拒绝原假设，即女性比率有明显变化。

比率问题样本量的计算公式：

$$n \geq \frac{(z_{\alpha/2})^2 p(1-p)}{E^2}$$

【实验内容】某传媒公司欲调查电视台某综艺节目收视率 p，为使得 p 的 0.95 置信区间长度不超过 0.04，问应调查多少用户？

【实验过程】

代码 5-12   单个总体样本量的确定（比率）

```
#已知数据
zstar = qnorm(.975)
p = 0.5 #对任意观测值的比率估计
E = 0.04/2
zstar^2 * p * (1-p) / E^2
```

[1] 2400.912

因此，要达到置信度和置信区间长度的要求，至少应调查 2 401 个用户。

5.1.2　单总体方差

假设总体 $X \sim N(\mu, \sigma^2)$，μ，σ^2 均未知，有放回随机抽取样本 x_i，$i = 1, \cdots, n$，基于这组样本比较总体方差 σ^2 与原方差 σ_0^2 的关系，主要分为三种，见表 5.7。

表 5.7　单总体方差的检验

单一总体方差		
研究问题	总体方差是否不同于 σ_0^2	总体方差是否大于 σ_0^2	总体方差是否小于 σ_0^2
原假设 H_0	$\sigma^2 = \sigma_0^2$	$\sigma^2 = \sigma_0^2$	$\sigma^2 = \sigma_0^2$
备择假设 H_1	$\sigma^2 \neq \sigma_0^2$	$\sigma^2 > \sigma_0^2$	$\sigma^2 < \sigma_0^2$
检验类型	双边检验	右尾检验	左尾检验

【实验原理】检验统计量为 Z 统计量，即

$$\frac{(n-1)s^2}{\sigma^2} \sim \chi^2_{n-1} \tag{5-6}$$

其中 $S^2 = \frac{1}{n-1} \sum_{i=1}^{n} (x_i - \bar{x})^2$。

总体方差（σ^2）的置信水平为 0.95 的置信区间为 $\left[\frac{(n-1)S^2}{\chi^2_{n-1;\ 0.025}}, \frac{(n-1)S^2}{\chi^2_{n-1;\ 0.975}} \right]$。

【实验内容】假设轮胎的寿命服从正态分布。为估计某种轮胎的方差，现随机地抽 12 只轮胎试用，测得它们的寿命（单位：万公里）如下：

4.68　4.85　4.32　4.85　4.61　5.02

5.20　4.60　4.58　4.72　4.38　4.70

（1）试求轮胎方差的 0.95 置信区间；

（2）如果已知原轮胎的寿命分布的方差为 5 万公里，在显著性水平 $\alpha = 0.05$ 下，请问这批轮胎寿命的方差是否存在变化？

【实验过程】

代码 5-13　正态总体方差的区间估计

```
#已知数据
data_50<-c(4.68,4.85,4.32,4.85,4.61,5.02,5.20,4.60,4.58,4.72, 4.38,4.70)
#分位数
qchisq(c(0.025, 0.975), length(data_50)-1)
```

[1]　3.815748 21.920049

```
var(data_50)
```

[1] 0.06149924

```
#方差区间估计的上限
(length(data_50)-1) * var(data_50)/3.815748
```

[1] 0.1772894

```
##方差区间估计的下限
(length(data_50)-1) * var(data_50)/21.920049
```

[1] 0.03086178

5.2　双总体的区间估计与假设检验

5.2.1　两独立总体均值差

假设两独立总体 $X \sim N(\mu, \sigma_1^2)$ 和 $Y \sim N(\mu_y, \sigma_2^2)$。从两个总体中分别有放回抽取样本 x_i，$i = 1, \cdots, n$，和 y_i，$i = 1, \cdots, m$。基于这组样本比较两总体均值 μ_1 与 μ_2 的关系，假设检验主要分为三种情况，见表 5.8。

表 5.8　两总体均值的检验

两个独立总体均值		
研究问题	两总体均值是否不同	总体 1 的均值是否大于总体 2 的均值	总体 1 的均值是否小于总体 2 的均值
原假设 H_0	$\mu_1 = \mu_2$	$\mu_1 = \mu_2$	$\mu_1 = \mu_2$
备择假设 H_1	$\mu_1 \neq \mu_2$	$\mu_1 > \mu_2$	$\mu_1 < \mu_2$
检验类型	双边检验	右尾检验	左尾检验

基于两组来自不同总体的样本对总体均值差 $\mu_x - \mu_y$ 进行区间估计，分为两种情况：

1. 方差 σ_1^2, σ_2^2 均已知

【实验原理】检验统计量为 Z 统计量，即

$$\frac{(\bar{x} - \bar{y}) - (\mu_x - \mu_y)}{\sqrt{\dfrac{\sigma_1^2}{n} + \dfrac{\sigma_2^2}{m}}} \sim N(0,\ 1) \tag{5-7}$$

其中 $\bar{x} = \dfrac{\sum\limits_{i=1}^{n} x_i}{n}$, $\bar{y} = \dfrac{\sum\limits_{i=1}^{m} y_i}{m}$。参数 $(\mu_x - \mu_y)$ 的置信水平为 $100(1 - \alpha)\%$ 的置信区间为

$$\left[(\bar{x} - \bar{y}) - z_{\alpha/2} \sqrt{\frac{\sigma_1^2}{n} + \frac{\sigma_2^2}{m}},\ (\bar{x} - \bar{y}) + z_{\alpha/2} \sqrt{\frac{\sigma_1^2}{n} + \frac{\sigma_2^2}{m}} \right]$$

【实验内容】根据来自两个不同总体的随机样本对对两总体均值做比较，两总体方差已知，分别利用区间估计和假设检验的方法。

【实验过程】

代码 5-14　两正态总体均值的比较（σ_1^2 和 σ_2^2 均已知）

```
#数据
set.seed(100)
x<-rnorm(100,5,2)
y <-rnorm(30,7,3)
#两方差已知
library(PASWR)
z.test(x, y, alternative= "two.sided", sigma.x=2,sigma.y=3, conf.level=0.95)
```

Two-sample z-Test

data： x and y

z = -3.0362, p-value = 0.002396

alternative hypothesis: true difference in means is not equal to 0

95 percent confidence interval：

-2.9132189 -0.6275278

sample estimates：

mean of x mean of y

　5.005825　6.776198

```
#
z.test(x, y, alternative= "less", sigma.x=2,sigma.y=3, conf.level=0.95)
```

Two-sample z-Test

data：x and y
z = -3.0362, p-value = 0.001198
alternative hypothesis：true difference in means is less than 0
95 percent confidence interval：
　　　-Inf -0.8112671
sample estimates：
mean of x mean of y
　5.005825　6.776198

在 0.95 的显著性水平下，两总体均值差的区间估计为 $[-2.913\,218\,9, -0.627\,527\,8]$。双边检验的 p-value = $0.002\,396 < 0.05$，样本支持拒绝原假设，两总体均值存在差异。单边检验 p-value = $0.001\,198 < 0.05$，拒绝原假设，接受两总体均值 $\mu_x < \mu_y$。

2. 两方差 $\sigma_1^2 = \sigma_2^2 = \sigma^2$，但未知

【实验原理】检验统计量为 t 统计量，即

$$\frac{(\bar{x} - \bar{y}) - (\mu_x - \mu_y)}{S_p \sqrt{\dfrac{1}{n} + \dfrac{1}{m}}} \sim t_{n+m-2} \tag{5-8}$$

其中 $\bar{x} = \dfrac{\sum\limits_{i=1}^{n} x_i}{n}$，$\bar{y} = \dfrac{\sum\limits_{i=1}^{m} y_i}{m}$，$S_p^2 = \dfrac{(n-1)\,s_x^2 + (m-1)\,s_y^2}{n+m-2}$。参数 $(\mu_x - \mu_y)$ 的置信水平为 $100(1-\alpha)\%$ 的置信区间为

$$\left[(\bar{x} - \bar{y}) - t_{n+m-2}(\alpha/2)\left(S_p\sqrt{\dfrac{1}{n}+\dfrac{1}{m}}\right), \ (\bar{x} - \bar{y}) + t_{n+m-2}(\alpha/2)\left(S_p\sqrt{\dfrac{1}{n}+\dfrac{1}{m}}\right) \right]$$

其中 $P(t > t_{n+m-2}(\alpha/2)) = \alpha/2$。

代码 5-15　独立双样本 t 检验数据的两种不同引用形式

```
t.test(y~x) # y 是一个数值型向量, 而 x 是一个二分类变量
t.test(y1,y2) # y1 和 y2 均为数值型向量
```

【实验内容】根据来自两个不同总体的随机样本对两总体均值做比较，两总体方差未知但相等，分别利用区间估计和假设检验的方法。

【实验过程】

代码 5-16　独立双样本 t 检验的分解过程

```
#方法 1
#数据
set.seed(100)
x<-rnorm(100,5,2)
y <-rnorm(30,7,3)
#样本量
n = length(x)
m = length(y)
```

```
#样本均值
x_bar = mean(x)
y_bar = mean(y)
#样本标准差
s_x   = sd(x)
s_y   = sd(y)
#总体方差估计值
s_p = sqrt(((n - 1) * s_x^2 + (m - 1) * s_y^2) / (n + m - 2))
```

[1] 2.136887

```
#t 统计量值
t = ((x_bar - y_bar) - 0) / (s_p * sqrt(1 / n + 1 / m))
```

[1] -3.9799

```
#p 值
2 * pt(t, df = n + m - 2)
```

[1] 0.0001148192

上述过程可以进行简单的一步实现，见代码。

代码 5-17　独立双样本 t 检验的简洁过程

```
#方法 2
#方差相等时设定参数 var.equal = TRUE
t.test(x, y, alternative = c("two.sided"), var.equal = TRUE, conf.level = 0.95)
```

 Two Sample t-test

data: x and y
t = -3.9799, df = 128, p-value = 0.0001148
alternative hypothesis: true difference in means is not equal to 0
95 percent confidence interval:
-2.650543 -0.890204
sample estimates:
mean of x mean of y
  5.005825 6.776198

　　显然两种代码下得出的统计量值和 P 值结果是相等的。在 0.95 的显著性水平下，两总体均值差的区间估计为 [-2.650 543 　-0.890 204]。双边检验的 p-value = 0.000 114 8 < 0.05，样本支持拒绝原假设，两总体均值存在差异。

　　两分类数据相应指标均值的比较也可以用 t 检验，只是对数据的结构和引用方式要求有所不同，见代码 5-18。

代码 5-18　分类数据 t 检验的简洁过程

```
#数据改为数据框存储
t_test_data = data.frame(values = c(x, y),
                         group  = c(rep("A", length(x)), rep("B", length(y))))
#注意数据的引用方式
t.test(values ~ group, data = t_test_data,
    alternative = c("two.sided"), var.equal = TRUE)
```

Two Sample t-test

data： values by group

t = -3.9799, df = 128, p-value = 0.0001148

alternative hypothesis：true difference in means between group A and group B is not equal to 0

95 percent confidence interval：

-2.650543 -0.890204

sample estimates：

mean in group A mean in group B

　　5.005825　　　　6.776198

　　按分类数据处理得出的 t 统计量值和 P 值结果与之前的方式仍然是相等的。

　　【实验内容】比较车险数据 dataCar 中不同性别的被保险人赔款额均值，分别利用区间估计和假设检验的方法。

　　【实验过程】

代码 5-19　不同性别赔款额均值的 t 检验

```
library(vctrs)
library(insuranceData)
#双边检验
#假设方差相等
t.test(claimcst0 ~ gender, data = dataCar,
    alternative = c("two.sided"), var.equal = TRUE)
```

Two Sample t-test

data： claimcst0 by gender

t = -2.8643, df = 67854, p-value = 0.00418

alternative hypothesis：true difference in means between group F and group M is not equal to 0

95 percent confidence interval：

-39.50018 -7.40443

sample estimates：

mean in group F mean in group M

　　127.1598　　　　150.6121

```
## 单边检验
t.test( claimcst0 ~ gender, data = dataCar,
    alternative = c("less"), var.equal = TRUE)
```

Two Sample t-test

data: claimcst0 by gender

t = -2.8643, df = 67854, p-value = 0.00209

alternative hypothesis: true difference in means between group F and group M is less than 0

95 percent confidence interval:

  -Inf -9.98456

sample estimates:

mean in group F mean in group M

    127.1598   150.6121

在 0.95 的显著性水平下，不同性别的被保险人赔款额均值差的区间估计为 $[-39.50018 \quad -7.40443]$。双边检验的 p-value = 0.00418 < 0.05，样本支持拒绝原假设，两总体均值存在差异。单边检验的 p-value = 0.00209 < 0.05，样本支持拒绝原假设，女性被投保人的赔款额均值小于男性被投保人的赔款额均值。

3. 两总体比率

总体 $X \sim \text{Binomial}(n_1, p_1)$ 和 $Y \sim \text{Binomial}(n_2, p_2)$，分别取样本 k_1 和 k_2。基于这组样本比较两总体比率 p_1 与 p_2 的关系，假设检验主要分为三种情况，见表 5.9。

表 5.9　两独立总体比率的三种检验

两独立总体比率			
研究问题	两总体比率是否不同	总体 1 的比率是否大于总体 2 的比率	总体 1 的比率是否小于总体 2 的比率
原假设 H_0	$p_1 = p_2$	$p_1 = p_2$	$p_1 = p_2$
备择假设 H_1	$p_1 \neq p_2$	$p_1 > p_2$	$p_1 < p_2$
检验类型	双边检验	右尾检验	左尾检验

基于样本也可以对两总体比率差 $p_1 - p_2$ 进行区间估计。

【实验原理】检验统计量为 t 统计量，即

$$\frac{\hat{p}_1 - \hat{p}_2 - (p_1 - p_2)}{\sqrt{\dfrac{\hat{p}_1(1-\hat{p}_1)}{n_1} + \dfrac{\hat{p}_2(1-\hat{p}_2)}{n_2}}} \sim N(0, 1) \tag{5-9}$$

其中 $\hat{p}_1 = \dfrac{k_1}{n_1}$，$\hat{p}_2 = \dfrac{k_2}{n_2}$。参数 $(p_1 - p_2)$ 的置信水平为 $100(1-\alpha)\%$ 的置信区间为

$$\left[(\hat{p}_1 - \hat{p}_2) - z^* \sqrt{\frac{\hat{p}_1(1-\hat{p}_1)}{n_1} + \frac{\hat{p}_2(1-\hat{p}_2)}{n_2}}, \quad (\hat{p}_1 - \hat{p}_2) + z^* \sqrt{\frac{\hat{p}_1(1-\hat{p}_1)}{n_1} + \frac{\hat{p}_2(1-\hat{p}_2)}{n_2}} \right]$$

【实验内容】车险数据 dataCar 中不同性别事故发生概率的比较,分别采用区间估计和假设检验两种方法。

【实验过程】

代码 5-20　两总体比率的比较

```
#事故发生数的查看
table( dataCar $ clm, dataCar $ gender)

      F        M
0   35955   27277
1   2648    1976
```

```
prop.test( table( dataCar $ clm, dataCar $ gender), alternative = c( "two.sided"), conf.level =
0.95, correct = FALSE)
```

2-sample test for equality of proportions without continuity correction

data： table(dataCar $ clm, dataCar $ gender)
X-squared = 0.28733, df = 1, p-value = 0.5919
alternative hypothesis： two.sided
95 percent confidence interval：
−0.01881586　0.01072778
sample estimates：
　prop 1　　prop 2
0.5686203 0.5726644

在 0.95 的显著性水平下,不同性别的被保险人事故发生概率的区间估计为 $[-0.018\,815\,86\quad 0.010\,727\,78]$。双边检验的 p-value $= 0.591\,9 > 0.05$,样本支持接受原假设,不同性别的被保险人事故发生概率没有显示差异。

5.2.2　两正态总体方差比

假设两独立总体 $X \sim N(\mu, \sigma_1^2)$ 和 $Y \sim N(\mu_y, \sigma_2^2)$。从两个总体中分别有放回抽取样本 x_i, $i = 1, \cdots, n$, 和 y_i, $i = 1, \cdots, m$。基于这组样本比较两总体方差 σ_1^2 与 σ_2^2 的大小,假设检验主要分为三种情况,见表 5.10。

表 5.10　两独立总体方差的三种检验

两个独立总体方差			
研究问题	两总体方差是否不同	总体 1 的方差是否大于总体 2 的方差	总体 1 的方差是否小于总体 2 的方差
原假设 H_0	$\sigma_1^2 = \sigma_2^2$	$\sigma_1^2 = \sigma_2^2$	$\sigma_1^2 = \sigma_2^2$
备择假设 H_1	$\sigma_1^2 \neq \sigma_2^2$	$\sigma_1^2 > \sigma_2^2$	$\sigma_1^2 < \sigma_2^2$
检验类型	双边检验	右尾检验	左尾检验

```
# F 检验
var.test( x, y = NULL, ratio = 1, alternative = c( "two.sided",
"less", "greater") , paired = FALSE, conf.level = 0.95, ...)
#与 t.test 相同,有两种数据引用方式
# 方法 1
var.test( values ~ groups, data)
# 方法 2
var.test( x, y)
```

表 5.11　var. test 参数意义的介绍

参数	意思	用法
x	非空数据集	第一个样本
y	非空数据集	第二个样本。
ratio		方差的先验比率（两个样本）或方差（一个样本）。
alternative	备择假设	默认为双边检验（"two.sided", "less","greater"）
paired	逻辑参数	若 paired = T, 为配对检验，则必须指定 x 和 y，并且它们必须是相同的长度。
conf.level	置信水平	默认 0.95

【实验原理】检验统计量为 F 统计量，即

$$\frac{\dfrac{s_1^2}{\sigma_1^2}}{\dfrac{s_2^2}{\sigma_2^2}} \sim F(n_1 - 1, n_2 - 1) \tag{5-10}$$

参数 $\left(\dfrac{\sigma_1^2}{\sigma_2^2}\right)$ 的置信水平为 $100(1 - \alpha)\%$ 的置信区间为

$$\left[\frac{S_1^2}{S_2^2}\frac{1}{F(n_1 - 1, n_2 - 1)}, \frac{S_1^2}{S_2^2}F(n_2 - 1, n_1 - 1)\right]$$

【实验内容】前面已经比较车险数据 dataCar 中不同性别的被保险人赔款额均值，当时默认两总体方差相等，要求根据样本对两总体方差的大小给出说明，分别利用区间估计和假设检验的方法。

【实验过程】

代码 5-22　两总体方差的比较 I

```
#不同性别索赔额的方差是否相同?
var.test( claimcst0 ~ gender, data = dataCar, alternative = "two.sided", conf.level = 0.95)
```

F test to compare two variances

data：claimcst0 by gender
F = 0.57333, num df = 38602, denom df = 29252, p-value < 2.2e-16
alternative hypothesis：true ratio of variances is not equal to 1
95 percent confidence interval：
  0.5611326 0.5857723
sample estimates：
ratio of variances
     0.5733293

```
# 两总体方差比率设为 ratio=0.57
var.test( claimcst0 ~ gender, data = dataCar, ratio = 0.57 , alternative = "two.sided", conf.level = 0.95)
```

F test to compare two variances

data：claimcst0 by gender
F = 1.0058, num df = 38602, denom df = 29252, p-value = 0.5956
alternative hypothesis：true ratio of variances is not equal to 0.57
95 percent confidence interval：
0.5611326 0.5857723
sample estimates：
ratio of variances
     0.5733293

    在 0.95 的显著性水平下，不同性别的被保险人赔款额方差比率的区间估计为 [0.5611326, 0.5857723]。双边检验的方差比率 ratio = 1 时 p-value < 2.2e-16，样本支持拒绝原假设，不同性别的被保险人赔款额方差存在显示差异。当方差 ratio = 0.57 时 p-value = 0.5956 > 0.05，样本支持接受原假设，即两总体方差比率 ratio = 0.57。

代码 5-23　两总体方差的比较Ⅱ

```
# 成对数据的方差比较
x<-rnorm(100,5,2)
z <-rnorm(100,2,2)
var.test(x,z,paired=TRUE)
```

F test to compare two variances

data：x and z
F = 0.74749, num df = 99, denom df = 99, p-value = 0.1494
alternative hypothesis：true ratio of variances is not equal to 1
95 percent confidence interval：

在 0.95 的显著性水平下，两总体方差的区间估计为 $[0.502\,942\,8, 1.110\,945\,6]$。双边检验的方差比率 ratio＝1 时 p-value ＝ 0.149 4 >0.05，样本支持接受原假设，即两总体方差存在显示差异。

5.2.3 成对数据的均值差

设有 n 对相互独立的样本 (x_i, y_i)，$i = 1, \cdots, n$。令 $D_i = x_i - y_i$，则 D_i 相互独立，又由于因同一因素引起的差异，可以认为它们服从同一分布。假设 $D_i \sim N(\mu_d, \sigma_d^2)$，其中 μ_d，σ_d^2 均未知。需要基于样本对均值参数作出区间估计和假设检验。

表 5.12　成对数据均值差假设检验的三种形式

成对数据均值（$\mu_d = \mu_1 - \mu_2$）			
研究问题	均值是否有变化	均值是否有增加	均值是否有降低
原假设 H_0	$\mu_d = 0$	$\mu_d = 0$	$\mu_d = 0$
备择假设 H_1	$\mu_d \neq 0$	$\mu_d > 0$	$\mu_d < 0$
检验类型	双边检验	右尾检验	左尾检验

【实验原理】检验统计量为 t 统计量，即

$$\frac{\bar{x}_d - \mu_d}{\dfrac{s_d}{\sqrt{n}}} \sim t_{n-1} \tag{5-11}$$

其中 $s_d = \sqrt{\dfrac{\sum (x_d - \bar{x}_d)^2}{n - 1}}$。参数 (μ_d) 的置信水平为 $100(1 - \alpha)\%$ 的置信区间为

$$\left[\bar{x}_d - t_{n-1}(\alpha/2) * \left(\frac{s_d}{\sqrt{n}} \right), \ \bar{x}_d + t_{n-1}(\alpha/2) * \left(\frac{s_d}{\sqrt{n}} \right) \right]$$

其中 $P(t > t_{n-1}(\alpha/2)) = \alpha/2$。

【实验内容】模拟两个正态整体，进行成对数据的均值比较

【实验过程】

代码 5-24　成对数据总体均值的比较

```
##成对数据的生成
#正态总体
library(vctrs)
set.seed(42)
num_samples = 10000
```

```
differences = rep(0, num_samples)
s1 = rep(0, num_samples)
s2 = rep(0, num_samples)
for (s in 1:num_samples) {
  x1 = rnorm(n = 25, mean = 6, sd = 2)
  x2 = rnorm(n = 25, mean = 5, sd = 2)
  s1[s] = mean(x1)
  s2[s] = mean(x2)
  differences[s] = mean(x1) - mean(x2) #每组样本的均值做差得出差异,并不是直接样本
  做差
}

#数据的均值
mean(differences)
```

[1] 1.001423

```
#数据的方差
var(differences)
```

[1] 0.3230183

```
#数据的直方图
#以方便查看差异是否服从正态分布
hist(differences, breaks = 20,
main   = "差异 D 的直方图",
xlab   = "差异 D 的随机数",
border = "black", lwd = 2, font=2, font.lab=2)
```

差异D的直方图

```
#注意参数 paired 要为 TRUE
t.test(s1, s2, paired=TRUE)
```

Paired t-test

data: s1 and s2
t = 176.2, df = 9999, p-value < 2.2e-16

alternative hypothesis：true difference in means is not equal to 0
95 percent confidence interval：
0. 9902826 1. 0125641
sample estimates：
　　mean of the differences
　　　　　1. 001423

#两样本均值差异
mean(s1)－mean(s2)

［1］1. 001423

mean(s1－s2)

［1］1. 001423

5.3　第二类误差

在假设检验中，当原假设 H_0 为真时，根据给定的样本，可能作出拒绝的决定，称这类"弃真"错误为第 I 类错误。当原假设为假时，可能作出接受原假设的决定，这种"取伪"错误称之为第 II 类错误。第 I 类误差一般事先给定，即显著性水平 α。下面重点给出第 II 类误差的计算。

5.3.1　单边检验：是否有提高

【实验原理】正态总体均值是否有显著性提高，假设为
$$H_0 : \mu \leqslant \mu_0 \qquad H_1 : \mu > \mu_0$$
首先在原假设成立的条件下，求出样本均值的拒绝域，一般根据给定的显著性水平 α 计算，即
$$P(\bar{X} > \bar{x} \mid \mu = \mu_0) = \alpha \qquad (5-12)$$
因此等式得到接受和拒绝的临界点值 $\bar{x}$。根据第 II 类误差的定义，计算原假设不成立的条件下，接受原假设的相应概率
$$P(\bar{X} < \bar{x} \mid \mu > \mu_0) = \beta \qquad (5-13)$$

1. 正态总体，方差已知

【实验内容】假设饼干袋上的食品标签表明，一块饼干中最多含有 2 克饱和脂肪。假设每块饼干的实际平均饱和脂肪含量为 2.09 克，总体标准差为 0.25 克。在 0.05 显著性水平下，对于 35 个样本量，第 II 类误差的概率是多少？

【实验过程】
　　代码 5-25　总体均值单边检验（提高）的第 II 类误差（方差已知）

#此时用到的检验统计量为 z 统计量
#已知数据
n = 35　　　　　　　　# 样本量

```
sigma = 0.25          # 总体标准差
sem = sigma/sqrt(n) ; sem    # 样本均值的标准差
```

[1] 0.042258

```
alpha = .05          #置信水平
mu0 = 2              # 原假设的均值
#计算接收域的上界点
q = qnorm(alpha, mean=mu0, sd=sem, lower.tail=FALSE) ; q
```

[1] 2.0695

```
mu = 2.09            # 备择假设的均值
#第二类误差的概率
pnorm(q, mean=mu, sd=sem)
```

[1] 0.31386

如果饼干样本量为35，每个饼干的实际平均饱和脂肪量为2.09克，在0.05显著性水平下，第Ⅱ类误差的概率为31.4%。

2. 方差未知

【实验内容】假设饼干袋上的食品标签表明，一块饼干中最多含有2克饱和脂肪。假设在35块饼干的随机样本中，饱和脂肪的标准偏差为0.3克。如果每块饼干的实际平均饱和脂肪含量为2.09克，那么在0.05显著性水平下出现第Ⅱ类误差的概率是多少？

【实验过程】

代码5-26　总体均值的单边检验（提高）时的第Ⅱ类误差（方差未知）

```
#此时用到的检验统计量为t统计量
#已知数据
n = 35
s = 0.3              # 样本标准差
SE = s/sqrt(n) ; SE  # 样本均值标准差
```

[1] 0.050709

```
alpha = .05

mu0 = 2
#计算接收域的上界点
q = mu0 + qt(alpha, df=n-1, lower.tail=FALSE) * SE ; q
```

[1] 2.0857

```
mu = 2.09            # 备择假设的均值
#第二类误差的概率
pt((q - mu)/SE, df=n-1) #注意标准化
```

[1] 0.46681

当样本量为 35，每块饼干的实际平均饱和脂肪量为 2.09 克，在显著性水平 0.05 下，第 II 类误差概率为 46.7%。

5.3.2 单边检验：是否有降低

【实验原理】正态总体均值是否有显著性降低，假设为

$$H_0: \mu \geqslant \mu_0 \qquad H_1: \mu < \mu_0$$

首先在原假设成立的条件下，求出样本均值的拒绝域，一般根据给定的显著性水平 α 计算，即

$$P(\bar{X} < \bar{x} \mid \mu = \mu_0) = \alpha \qquad (5\text{-}14)$$

因此等式得到接受和拒绝的临界点值 $\bar{x}$。根据第 II 类误差的定义，计算原假设不成立的条件下，接受原假设的相应概率

$$P(\bar{X} > \bar{x} \mid \mu < \mu_0) = \beta \qquad (5\text{-}15)$$

1. 方差已知

【实验内容】假设制造商声称灯泡的平均寿命超过 10 000 小时。实际平均灯泡寿命为 9 950 小时，总体标准差为 120 小时。在 0.05 显著性水平下，30 个灯泡的第 II 类误差的概率是多少？

【实验过程】

代码 5-27 总体均值的单边检验（降低）的第 II 类误差（方差已知）

```
#此时用到的检验统计量为 z 统计量
n = 30
sigma = 120              #已知总体方差
sem = sigma/sqrt(n); sem
```

[1] 21. 909

```
##计算接收域的界点
alpha = .05
mu0 = 10000              #原假设的均值
q = qnorm(alpha, mean=mu0, sd=sem); q
```

[1] 9964

```
#第二类误差的概率
mu = 9950               #备择假设的均值
pnorm(q, mean=mu, sd=sem, lower.tail=FALSE)
```

[1] 0. 26196

如果灯泡样本量为 30，实际平均灯泡寿命为 9 950 小时，在 0.05 显著性水平下第 II 类误差概率为 26.2%。

2. 方差未知

【实验内容】假设制造商声称灯泡的平均寿命超过 10 000 小时。假设在 30 个灯

泡的随机样本中，寿命的标准偏差为 125 小时。如果实际平均灯泡寿命为 9 950 小时，在 0.05 显著性水平下出现第 II 类误差的概率是多少？

【实验过程】

代码 5-28　总体均值的单边检验（降低）的第 II 类误差（方差未知）

```
#此时用到的检验统计量为 t 统计量
n = 30
s = 125
SE = s/sqrt(n); SE
```

```
[1] 22.822
```

```
alpha = .05
mu0 = 10000
q = mu0 + qt(alpha, df=n-1) * SE; q
```

```
[1] 9961.2
```

```
mu = 9950
pt((q - mu)/SE, df=n-1, lower.tail=FALSE)
```

```
[1] 0.31329
```

如果灯泡样本量为 30，实际平均灯泡寿命为 9 950 小时，在 0.05 显著性水平下，则检验的第 II 类误差概率为 31.3%。

5.3.3　双边检验

【实验原理】正态总体均值是否有显著性变化，假设为

$$H_0: \mu = \mu_0 \qquad H_1: \mu \neq \mu_0$$

首先在原假设成立的条件下，求出样本均值的拒绝域，一般根据给定的显著性水平 α 计算，即

$$P(\bar{X} > \bar{x}_2 \mid \mu = \mu_0) = \frac{\alpha}{2} \text{ 和 } P(\bar{X} < \bar{x}_1 \mid \mu = \mu_0) = \frac{\alpha}{2} \tag{5-16}$$

因此等式得到接受和拒绝的临界点值 $\bar{x}_1$ 和 $\bar{x}_2$。根据第 II 类误差的定义，计算原假设不成立的条件下，接受原假设的相应概率

$$P(\bar{x}_1 < \bar{X} < \bar{x}_2 \mid \mu \neq \mu_0) = \beta \tag{5-17}$$

1. 方差已知

【实验内容】假设去年在南极发现的企鹅的平均体重为 15.4 千克。实际平均总体重量为 15.1 千克，总体标准差为 2.5 千克。在 0.05 显著性水平下，35 只企鹅样本的第 II 类误差概率是多少？

【实验过程】

代码 5-29　总体均值的双边检验的第 II 类误差（方差已知）

```
#此时用到的检验统计量为 z 统计量
n = 35
```

```
sigma = 2. 5
sem = sigma/sqrt(n); sem
```

[1] 0.42258

```
alpha = .05
mu0 = 15. 4
I = c(alpha/2, 1-alpha/2)
q = qnorm(I, mean=mu0, sd=sem); q
```

[1] 14. 572 16. 228

```
mu = 15. 1
p = pnorm(q, mean=mu, sd=sem); p
```

[1] 0. 10564 0.99621

```
# II 类错误的概率是两个端点之间的概率
diff(p)                    # p[2]-p[1]
```

[1] 0. 89056

如果企鹅样本量为35，实际平均总体重量为15.1 千克，则在0.05 显著性水平下，检验的第 II 类误差概率为89.1%。

2. 方差未知

【实验内容】假设去年在南极发现的企鹅的平均体重为15.4 千克。在随机抽样的35 只企鹅中，体重的标准偏差为2.5 千克。如果企鹅的实际平均体重为15.1 千克，那么在0.05 显著性水平下出现第 II 类误差的概率是多少？

【实验过程】

代码5-30　总体均值的双边检验的第 II 类误差（方差未知）

```
#此时用到的检验统计量为 t 统计量
n = 35
s = 2. 5
SE = s/sqrt(n); SE
```

[1] 0. 42258

```
alpha = .05
mu0 = 15. 4
I = c(alpha/2, 1-alpha/2)
q = mu0 + qt(I, df=n-1) * SE; q
```

[1] 14. 541 16. 259

```
mu = 15. 1
p = pt((q - mu)/SE, df=n-1); p
```

[1] 0. 097445 0. 995168

diff(p)	# p[2]-p[1]

[1] 0.89772

如果企鹅样本量为 35，实际平均总体体重为 15.1 千克，则在 0.05 显著性水平下，检验的第 II 类误差概率为 89.8%。

5.4 卡方检验

之前已经学习的假设检验都是在总体分布已知的情况下，对整体参数进行的假设检验。而在实际问题中，总体的分布有时是未知的。这些需要根据已经获得的样本，对总体的分布进行假设检验，即论证样本是否来自某理论分布。卡方检验就是用于检验分布的一种形式，其主要应用于分布的拟合优度检验和因素的独立性检验两个方面。首先给出卡方检验代码和其中参数的基本介绍，见代码 5-31 和表 5.13。

代码 5-31 chisq.test 的基本介绍

```
#卡方检验
chisq.test ( x , y = NULL , correct = TRUE , p = rep ( 1/length ( x ) , length ( x ) ) , rescale.p =
FALSE , simulate.p.value = FALSE , B = 2000 )
```

表 5.13 chisq.test 参数意义的介绍

参数	意思	用法
x	非空数据集	样本数据的向量或矩阵
y	非空数据集	y 是与 x 长度相同的向量，当 x 是矩阵时忽略 y
correct	逻辑参数	是否进行连续修正，默认为 TRUE
p	概率值	原假设落在区间内的理论概率，默认为均匀分布，实际应用时需要自己构造分布函数后计算概率分布
rescale.p	逻辑参数	rescale =TRUE 时，概率之和不等于 1 时将重新计算 p
simulate.p.value	逻辑参数	simulate.p.value =TRUE 时，采用仿真方法计算 p
B	整数值	在蒙特卡罗检验中，表示重复的次数

【实验原理】样本是否来自某理论分布的假设检验。

H_0：样本服从某理论分布；H_1：样本不服从某理论分布。

显然当原假设成立时，样本落入某区间的概率与理论分布在相应区间的概率值应该是非常接近的，也就是说此时按照样本概率和理论概率计算得到的样本频数差异较小。这种差异。采用卡方统计量进行刻画

$$\sum_{i}^{k} \frac{(\text{Observed}_i - \text{Expected}_i)^2}{\text{Expected}_i} \sim \chi^2(k - r - 1) \tag{5-18}$$

其中 k 为样本分组数。而 r 为理论分布的待估参数的个数。卡方检验用于分布的拟合优度检验时，主要应用于离散分布的检验。

5.4.1 拟合优度检验

1. 泊松分布的拟合优度

【实验内容】检验车险数据 dataCar 中事故赔付次数是否服从泊松分布。
【实验过程】

代码 5-32　泊松分布的假设检验

```
#导入数据
library(insuranceData)
dataCar0 <- subset (dataCar, select = -c(X_OBSTAT_))
#参数的估计
lambda_hat<-mean(dataCar0 $ numclaims)
lambda_hat
```

[1] 0.07275701

```
#样本频数统计
table(dataCar0 $ numclaims)
```

0	1	2	3	4
63232	4333	271	18	2

```
#样本量
n<-length(dataCar0 $ numclaims)
#理论分布频数计算
table_1p = cbind(n * (dpois(0, lambda_hat)),
                 n * (dpois(1, lambda_hat)),
                 n * (dpois(2, lambda_hat)),
                 n * (dpois(3, lambda_hat)),
                 n * (1 - ppois(3, lambda_hat)))
```

	[,1]	[,2]	[,3]	[,4]	[,5]
[1,]	63094.32	4590.555	166.9975	4.05008	0.07475305

```
#将结果写入一个数据框
actual <- data.frame(table(dataCar0 $ numclaims))[,2];
table_2p <- rbind(c(0, 1, 2, 3, "4+"), actual, round(table_1p, digits = 2))
rownames(table_2p) <- c("Number","Actual", "Estimated Using Poisson")
table_2p
```

	[,1]	[,2]	[,3]	[,4]	[,5]
Number	"0"	"1"	"2"	"3"	"4+"
Actual	"63232"	"4333"	"271"	"18"	"2"
Estimated Using Poisson	"63094.32"	"4590.55"	"167"	"4.05"	"0.07"

```
# 计算卡方统计量
diff = actual - table_1p
( Pearson_p <- sum( diff * diff / table_1p) )
```

[1] 177.1539

```
# 计算 p-值
1 - pchisq(Pearson_p, df = 5 - 1 - 1)
```

[1] 0

显然卡方值比较大，为 177.153 9，其相应的 P 值为 0，远小于 0.05 的显著性水平。这说明样本分布与泊松分布差距较大，从而认为该组样本不服从泊松分布。

2. 负二项分布的拟合优度

【实验内容】检验车险数据 dataCar 中事故赔付次数是否服从负二项分布。

【实验过程】

代码 5-33　负二项分布的假设检验

```
library(MASS)
fm_nb <- glm.nb(dataCar0 $ numclaims ~ 1, link = log)
summary(fm_nb)
```

Call：

glm.nb(formula = dataCar0 $ numclaims ~ 1, link = log, init.theta = 1.156841892)

Deviance Residuals：

Min	1Q	Median	3Q	Max
-0.3757	-0.3757	-0.3757	-0.3757	4.1556

Coefficients：

	Estimate	Std. Error	z value	Pr(>|z|)
(Intercept)	-2.62063	0.01467	-178.6	<2e-16 ***

Signif. codes： 0 '***' 0.001 '**' 0.01 '*' 0.05 '.' 0.1 ' ' 1

(Dispersion parameter for Negative Binomial(1.1568) family taken to be 1)

    Null deviance：23363   on 67855   degrees of freedom

Residual deviance：23363   on 67855   degrees of freedom

AIC：36103

Number of Fisher Scoring iterations：1

        Theta： 1.157

        Std. Err.： 0.143

2 x log-likelihood: -36099.362

```
fm_nb $ theta
```

[1] 1.156842

```
beta <- exp(fm_nb $ coefficients) / fm_nb $ theta
prob <- 1/(1+beta)
table_1nb = cbind(n * (dnbinom(0, size = fm_nb $ theta, prob)),
                  n * (dnbinom(1, size = fm_nb $ theta, prob)),
                  n * (dnbinom(2, size = fm_nb $ theta, prob)),
                  n * (dnbinom(3, size = fm_nb $ theta, prob)),
                  n * (dnbinom(4, size = fm_nb $ theta, prob)))
table_2nb <- rbind(c(0, 1, 2, 3, "4+"), actual, round(table_1nb, digits = 2))
rownames(table_2nb) <- c("Number","Actual", "Estimated Using Neg Bin")
table_2nb
```

	[,1]	[,2]	[,3]	[,4]	[,5]
Number	"0"	"1"	"2"	"3"	"4+"
Actual	"63232"	"4333"	"271"	"18"	"2"
Estimated Using Neg Bin	"63233.05"	"4328.42"	"276.2"	"17.2"	"1.06"

```
diff = actual - table_1nb
( Pearson_nb = sum(diff * diff / table_1nb) )
##The small value of the goodness of fit statistic 1.197831 or the high p value 0.5494071 both indi-
cate that the negative binomial provides a better fit to the data than the Poisson.
```

[1] 0.980278

```
# p-value
1 - pchisq(Pearson_nb, df = 5 - 2 - 1)
```

[1] 0.6125412

    显然卡方值较小，为 0.980 278，其相应的 P 值为 0.612 541 2>0.05 的显著性水平。这说明样本分布与负二项分布差距较小，从而认为该组样本服从负二项分布。

    3. 正态分布的拟合优度

【实验内容】检验模拟数据是否服从正态分布。

【实验过程】

代码 5-34　正态分布的卡方检验

```
set.seed(100)
x<-rnorm(100,1,2)
sd(x)
```

[1] 2.041421

```
max(x)
```

[1] 6.163918

```
min( x)
```

[1] -3.543851

```
#连续变量离散化
brk<-cut( x, br=c( -Inf, -2,0,2,4, Inf) )#切分区间
A<-table( brk)#统计频数
A
```

brk

(-Inf,-2]	(-2,0]	(0,2]	(2,4]	(4, Inf]
7	23	42	20	8

```
p<-diff( pnorm( c( -Inf, -2,0,2,4, Inf), mean( x), sd( x) ) )#构造正态分布函数
length( x) * p
```

[1] 7.045399 24.065534 37.576203 24.190135 7.122730

```
chisq.test( A, p=p)
```

    Chi-squared test for given probabilities

data： A
X-squared = 1.4021, df = 4, p-value = 0.8438

正态分布是连续型分布，进行卡方检验时需要将随机变量离散化。卡方值等于
1.402 1，相应的 P 值等于 0.843 8 > 0.05，因此接受原假设，也就是认为随机样本
来自 $N(\text{mean}(x), \text{sd}(x))$ 。

5.4.2 独立性检验

【实验内容】软件包 MASS 中数据集 survey，该数据框架包含 Adelaide 大学 237
名统计学学生对一些问题的回答。检验其中运动频率与抽烟频率时间是否独立。
【实验过程】

代码 5-35 独立性检验存在的问题 I

```
library( MASS)
# Smoke 为抽烟频率：Heavy, Never, Occasionally, Regularly.
# Exer 为练习运动频率：Frequent, None, Some
smokex <- table( survey $ Smoke, survey $ Exer)
```

	Freq	None	Some
Heavy	7	1	3
Never	87	18	84
Occas	12	3	4
Regul	9	1	7

```
chisq.test( smokex)
```

Pearson's Chi-squared test

data：smokex

X-squared = 5.4885, df = 6, p-value = 0.4828

Warning message：

In chisq.test(smokex)：Chi-squared approximation may be incorrect

```
chisq.test(smokex) $ expected
```

	Freq	None	Some
Heavy	5.360169	1.072034	4.567797
Never	92.097458	18.419492	78.483051
Occas	9.258475	1.851695	7.889831
Regul	8.283898	1.656780	7.059322

Warning message：

In chisq.test(smokex)：Chi-squared approximation may be incorrect

这个结果说明卡方检验的近似值可能不准确。这主要是由于其中有些理论频数值很小，只有 1 左右，一般要求理论频数值不小于 5。

代码 5-36　独立性检验存在的问题 Ⅱ

```
# simulate.p.value 逻辑变量(缺省值为 FALSE)，当为 TRUE,将用仿真的方法计算 p 值,此时表示仿真的此值。
chisq.test(smokex, simulate.p.value = TRUE)
```

Pearson's Chi-squared test with simulated p-value (based on 2000 replicates)

data：smokex

X-squared = 5.4885, df = NA, p-value = 0.4768

```
chisq.test(smokex, simulate.p.value = TRUE) $ expected
```

	Freq	None	Some
Heavy	5.360169	1.072034	4.567797
Never	92.097458	18.419492	78.483051
Occas	9.258475	1.851695	7.889831
Regul	8.283898	1.656780	7.059322

理论频数和 P 值与之前的检验结果没有太大差异，但错误消息不再显示。由于 P 值相当高，我们不能拒绝吸烟频率与运动频率无关的原假设。

5.5　模型选择

卡方检验是样本与理论分布之间关系的一种假设检验。模型选择也是讨论样本和理论分布之间的关系，通过刻画不同理论分布对样本的描述，选择可以最优刻画样本特征的理论分布的过程就是模型选择。

【实验内容】对车险数据 dataCar 中赔款额作常见分布的拟合和比较。

【实验过程】

5.5.1　分布拟合

1. 伽玛分布

代码 5-37　伽玛分布的拟合（vglm）

```
# Install.packages("VGAM")
library(VGAM)
# vglm()函数用于拟合向量广义线性模型 vector generalized linear models（VGLMs）.
fit.gamma <- vglm(claimcst0 ~ 1, family = gamma2, data = dataCar_claimcst)
summary(fit.gamma)
```

Call：

vglm(formula = claimcst0 ~ 1, family = gamma2, data = dataCar_claimcst)

Coefficients：

	Estimate	Std. Error	z value	Pr(>|z|)	
(Intercept):1	7.60808	0.01698	448.08	<2e-16	***
(Intercept):2	-0.28748	0.01784	-16.12	<2e-16	***

Signif. codes： 0 ' *** ' 0.001 ' ** ' 0.01 ' * ' 0.05 '.' 0.1 ' ' 1

Names of linear predictors：loglink(mu), loglink(shape)

Log-likelihood：-39662.92 on 9246 degrees of freedom

Number of Fisher scoring iterations：8

No Hauck-Donner effect found in any of the estimates

```
#提取参数估计值
# coef(fit.gamma)的输出为 coef(fit.gamma)[1] = log(μ) 和 coef(fit.gamma)[2] = log(α)
coef(fit.gamma)
```

(Intercept):1 (Intercept):2

　7.6080787　　-0.2874827

```
#原参数估计
#α = exp(coef(fit.gamma)[2])
(alpha <- exp(coef(fit.gamma)[2]))
```

135

（Intercept）：2

   0. 7501495

均值 $\mu = \theta * \alpha$.
$\theta = \mu / \alpha$ = exp（coef（fit.gamma）[1]） / exp（coef（fit.gamma）[2]）
（theta <- exp（coef（fit.gamma）[1]） / exp（coef（fit.gamma）[2]）） # theta = mu / alpha

（Intercept）：1

   2685. 337

#参数估计区间
confint（fit.gamma, level = 0. 95）

   2. 5 %   97. 5 %

（Intercept）：1 7. 5748001 7. 6413573

（Intercept）：2 -0. 3224413 -0. 2525241

#对数似然函数
logLik（fit.gamma）

[1] -39662. 92

#AIC
AIC（fit.gamma）

[1] 79329. 84

#AIC 计算公式：-2 * （loglik） + 2 * （number of parameters）
-2 * （logLik（fit.gamma）） + 2 * （length（coef（fit.gamma）））

[1] 79329. 84

#BIC
BIC（fit.gamma）

[1] 79342. 72

BIC：计算公式 -2 * （loglik） + （number of parameters） * （log（n））
n 为样本量
-2 * （logLik（fit.gamma）） + length（coef（fit.gamma, matrix = TRUE）） * log（nrow（dataCar_
claimcst））

[1] 79342. 72

---

vcov（fit.gamma）   # covariance matrix for model parameters

	（Intercept）：1	（Intercept）：2
（Intercept）：1	0. 0002882933	0. 0000000000
（Intercept）：2	0. 0000000000	0. 0003181358

    上面给出了伽玛分布拟合赔款额的参数估计。参数估计还有 glm（）函数，在此可以引入以比较它们参数结果的差异。

代码 5-38 伽玛分布的拟合 (glm)

```
library(MASS)
library(VGAM)
# Gamma 分布
fit.gamma_2 <- glm(claimcst0 ~ 1, data = dataCar_claimcst, family = Gamma(link = log))
summary(fit.gamma_2, dispersion = gamma.dispersion(fit.gamma_2))
```

Call：
glm(formula = claimcst0 ~ 1, family = Gamma(link = log), data = dataCar_claimcst)
Deviance Residuals：
```
    Min      1Q    Median      3Q       Max
-1.6787  -1.3528  -0.8376   0.0378   6.8465
```
Coefficients：
```
            Estimate Std. Error z value Pr(>|z|)
(Intercept)  7.60808    0.01698   448.1  <2e-16 ***
```
Signif. codes：0 '***' 0.001 '**' 0.01 '*' 0.05 '.' 0.1 ' ' 1
(Dispersion parameter for Gamma family taken to be 1.333068)
    Null deviance：7379.9   on 4623   degrees of freedom
Residual deviance：7379.9   on 4623   degrees of freedom
AIC：79427
Number of Fisher Scoring iterations：6

```
(alpha <- 1 / gamma.dispersion(fit.gamma_2))
```
[1] 0.7501495

```
(theta <- exp(coef(fit.gamma_2)) * gamma.dispersion(fit.gamma_2))#theta=mu / alpha
```
(Intercept)
  2685.337

```
logLik(fit.gamma_2)    # log - likelihood slightly different from vglm
```
'log Lik.'-39711.48 (df=2)

```
AIC(fit.gamma_2)        # AIC
```
[1] 79426.97

```
BIC(fit.gamma_2)        # BIC
```
[1] 79439.85

可以看出，vglm 和 glm 两个不同的函数给出的伽玛分布的参数估计值相同，而对数似然函数、AIC 和 BIC 的结果都略有不同。

2. 对数正态分布

代码 5-39 对数正态分布的拟合 (vglm)

```
library(VGAM)
fit.LN <- vglm(claimcst0 ~ 1, family = lognormal, data = dataCar_claimcst)
summary(fit.LN)
```

Call：

vglm(formula = claimcst0 ~ 1, family = lognormal, data = dataCar_claimcst)

Coefficients：

	Estimate	Std. Error	z value	Pr(>|z|)	
(Intercept)：1	6.81008	0.01749	389.42	<2e-16	***
(Intercept)：2	0.17326	0.01040	16.66	<2e-16	***

———

Signif. codes： 0 ' *** ' 0.001 ' ** ' 0.01 ' * ' 0.05 '.' 0.1 ' ' 1

Names of linear predictors：meanlog, loglink(sdlog)

Log-likelihood：−38852.15 on 9246 degrees of freedom

Number of Fisher scoring iterations：4

No Hauck−Donner effect found in any of the estimates

```
# 参数估计
coef(fit.LN)
```

(Intercept)：1 (Intercept)：2
6.8100806   0.1732635

```
#参数估计区间
confint(fit.LN, level = 0.95)
```

	2.5 %	97.5 %
(Intercept)：1	6.7758048	6.8443563
(Intercept)：2	0.1528826	0.1936444

```
# lognormal 分布的 loglikelihood
logLik(fit.LN)
```

[1] −38852.15

```
# lognormal 的 AIC
AIC(fit.LN)
```

[1] 77708.31

```
# lognormal 的 BIC
BIC(fit.LN)
```

[1] 77721.19

```
#参数的协矩阵
vcov(fit.LN)
```

	(Intercept)：1	(Intercept)：2
(Intercept)：1	0.0003058278	0.0000000000
(Intercept)：2	0.0000000000	0.0001081315

```
#指数化
para<-exp(coef(fit.LN))
para
```

```
(Intercept):1 (Intercept):2
  906. 943866        1. 189179
```

```
#对数正态分布均值 E(Y) = exp(mu + 0. 5 sigma^2)
mean = para[1] * exp(0. 5 * (para[2])^2)
mean
```

```
(Intercept):1
  1839. 326
```

```
# 对数正态分布的样本均值
sampmean < - exp ( mean ( log ( dataCar _ claimcst $ claimcst0)) + sd ( log ( dataCar _ claimcst $
claimcst0))^2 / 2)
sampmean
```

```
[1] 1839. 607
```

```
# Var(Y) = [exp(sigma^2) -1] * exp(2 mu + sigma^2).
((exp((exp(coef(fit.LN))[2])^2)-1) * mean^2)
```

```
(Intercept):2
   10531581
```

```
# 对数正态分布的样本方差
(sampmean)^2 * (exp(var(log(dataCar_claimcst $ claimcst0)))-1)
```

```
[1] 10539060
```

```
mean(dataCar_claimcst $ claimcst0)
```

```
[1] 2014. 404
```

```
var(dataCar_claimcst $ claimcst0)
```

```
12594738
```

　　为了形成比较，也引入 t.test 进行参数估计。

代码 5-40　对数正态分布的拟合（t.test）

```
#利用 t.test 求参数
t.test(log(dataCar_claimcst $ claimcst0), mu = log(2000))#H0: mu_o = log(2000) = 7. 600902
```

One Sample t-test

data: log(dataCar_claimcst $ claimcst0)

t = -45. 216, df = 4623, p-value < 2. 2e-16

alternative hypothesis: true mean is not equal to 7. 600902

95 percent confidence interval:

6. 775792 6. 844369

sample estimates:

mean of x

6. 810081

可以看出两种函数得到的均值参数的点估计值和区间估计值基本相等。

3. 帕累托分布

代码 5-41　帕累托分布的拟合

```
fit.pareto <- vglm(claimcst0 ~ 1, paretoII, loc = 0, data = dataCar_claimcst)
summary(fit.pareto)
```

Call:
vglm(formula = claimcst0 ~ 1, family = paretoII, data = dataCar_claimcst,
    loc = 0)

Coefficients:
                Estimate Std. Error z value Pr(>|z|)
(Intercept):1   7.6985   0.0630   122.20   <2e-16 ***
(Intercept):2   0.7161   0.0448   15.98   <2e-16 ***

Signif. codes: 0 ' *** ' 0.001 ' ** ' 0.01 ' * ' 0.05 '.' 0.1 ' ' 1
Names of linear predictors: loglink(scale), loglink(shape)
Log-likelihood: -39169.85 on 9246 degrees of freedom
Number of Fisher scoring iterations: 5

```
coef(fit.pareto)
```

(Intercept):1 (Intercept):2
   7.6984941   0.7161401

```
exp(coef(fit.pareto))
```

(Intercept):1 (Intercept):2
  2205.024972   2.046519

```
confint(fit.pareto, level = 0.95)    # confidence intervals for model parameters
```

                2.5 %   97.5 %
(Intercept):1 7.5750164 7.8219718
(Intercept):2 0.6283263 0.8039539

```
logLik(fit.pareto)                          # loglikelihood for Pareto
```

[1] -39169.85

```
AIC(fit.pareto)                          # AIC for Pareto
```

[1] 78343.7

```
BIC(fit.pareto)                          # BIC for Pareto
```

[1] 78356.58

```
vcov(fit.pareto)                          # covariance matrix for model parameters
```

                (Intercept):1 (Intercept):2
(Intercept):1   0.003968997   0.002666259
(Intercept):2   0.002666259   0.002007380

4. 指数分布

代码 5-42　指数分布的拟合

```
fit.exp <- vglm(claimcst0 ~ 1, exponential, data = dataCar_claimcst)
summary(fit.exp)
```

Call:

vglm(formula = claimcst0 ~ 1, family = exponential, data = dataCar_claimcst)

Coefficients:

$$\text{Estimate Std. Error z value Pr}(>|z|)$$

(Intercept) −7.60808　　0.01471　　−517.3　　<2e−16 ***

−−−

Signif. codes: 0 ' *** ' 0.001 ' ** ' 0.01 ' * ' 0.05 '.' 0.1 ' ' 1

Name of linear predictor: loglink(rate)

Residual deviance: 7379.887 on 4623 degrees of freedom

Log-likelihood: −39803.76 on 4623 degrees of freedom

Number of Fisher scoring iterations: 4

No Hauck-Donner effect found in any of the estimates

```
( theta = 1 / exp(coef(fit.exp)) )
```

(Intercept)

　2014.404

```
#使用"glm"函数拟合
fit.exp2 <- glm(claimcst0 ~ 1, data = dataCar_claimcst, family = Gamma(link = log))
summary(fit.exp2, dispersion = 1)
```

Call:

glm(formula = claimcst0 ~ 1, family = Gamma(link = log), data = dataCar_claimcst)

Deviance Residuals:

Min	1Q	Median	3Q	Max
−1.6787	−1.3528	−0.8376	0.0378	6.8465

Coefficients:

$$\text{Estimate Std. Error z value Pr}(>|z|)$$

(Intercept) 7.60808　　0.01471　　517.3　　<2e−16 ***

−−−

Signif. codes: 0 ' *** ' 0.001 ' ** ' 0.01 ' * ' 0.05 '.' 0.1 ' ' 1

(Dispersion parameter for Gamma family taken to be 1)

　　Null deviance: 7379.9　on 4623　degrees of freedom

Residual deviance: 7379.9　on 4623　degrees of freedom

AIC: 79427

Number of Fisher Scoring iterations: 6

```
( theta <- exp( coef( fit.exp2) ) )
( Intercept)
  2014. 404
```

5.5.2 分布比较

不同理论分布对同一组数据进行拟合，拟合效果可以通过图示法进行直观比较。车险数据 dataCar 中赔款额的取值范围 [min (x)，max (x)] = [0, 100 000]，取值范围广，尾部分布长，不适合采用单一理论分布刻画，需要对其数据进行降幅处理，故一般采用取对数法。假设数据取对数后服从某单一理论分布，记为 $X \sim f_X(x;\theta)$，那么原变量 $Y = e^X$，其概率密度函数为

$$Y \sim f_Y(y; \theta) = f_X(e^X; \theta) \cdot e^X \tag{5-19}$$

下面首先给出样本数据和理论分布的密度线比较。

1. 图示法

代码 5-43　样本数据的密度线和常见分布的拟合线（Logarithmic）

```
#赔款额取对数后的密度线
library( VGAM)
par( mfrow = c( 1, 1) )
plot( density( log( dataCar_claimcst $ claimcst0) ), main = "", xlab = "Log（赔款额)", lwd = 2,
font = 2, font.lab = 2)
#x 的取值
x <- seq( 0, 15, by = 0.01)
#估计的指数分布的拟合线, shape = 1
fexp_ex <- dgamma( exp( x), scale = exp( -coef( fit.exp) ), shape = 1) * exp( x)
lines( x, fexp_ex, lty = 2, col = "black" )
#估计的 Gamma 分布的拟合线 alpha = 0.7501495, theta = 2685.337
fgamma_ex <- dgamma( exp( x), shape = 0.7501495, scale = 2685.337) * exp( x)
lines( x, fgamma_ex, lty = 3, col = "black" )
#估计的 Pareto 分布的拟合线
fpareto_ex <- dparetoII ( exp( x), loc = 0, shape = exp( coef( fit.pareto) [2] ),
                scale = exp( coef( fit.pareto) [1] ) ) * exp( x)
lines( x, fpareto_ex, lty = 4, col = "black" )
#对数正态分布的拟合线
flnorm_ex <- dlnorm( exp ( x), mean = coef( fit.LN) [1],
                sd = exp( coef( fit.LN) [2] ) ) * exp( x)
lines( x, flnorm_ex, lty = 5, col = "black" )
#添加说明
legend( 9, 0.4, c( "log（赔款额)", "Exponential", "Gamma", "Pareto", "lognormal" ), lty =
1:5, box.lty = 0, col = c( "black", "black", "black", "black", "black" ), lwd = 2, cex = 1.2)
```

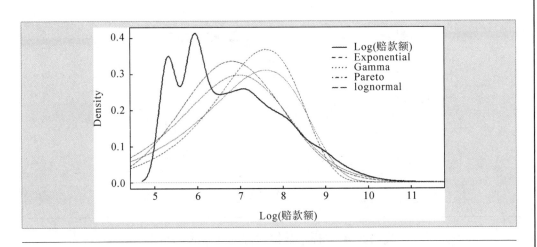

代码 5-44　样本数据的经验分布函数和常见分布的 CDF 线（Logarithmic）

```
# 累积分布函数线(Cumulate Distribution Function，CDF)
x <- seq(0, 15, by = 0.01)
#样本的 CDF
log_percentiles  <- ecdf(log(dataCar_claimcst $ claimcst0))
#散点图
plot(log_percentiles,  main = "", xlab = "Log(赔款额)", lwd=2,font=2,font.lab=2)
#指数分布的 CDF
Fexpon_ex <- pgamma(exp(x), scale = exp(-coef(fit.exp)), shape = 1)
lines(x, Fexpon_ex, lty = 2, col = "black",lwd=2)
#Gamma 分布的 CDF
Fgamma_ex <- pgamma(exp(x), shape = 0.7501495, scale = 2685.337)
lines(x, Fgamma_ex, lty = 3, col = "black",lwd=2)
#Pareto 分布的 CDF
Fpareto_ex <- pparetoII (exp(x), loc = 0,shape = exp(coef(fit.pareto)[2]),
                 scale = exp(coef(fit.pareto)[1]))
lines(x, Fpareto_ex, lty = 4,col = "black",lwd=2)
#对数正态分布的 CDF
Flnorm_ex <- plnorm(exp(x), mean = coef(fit.LN)[1],sd = exp(coef(fit.LN)[2]))
lines(x, Flnorm_ex, lty = 5,col = "black",lwd=2)
legend(9,0.4, c("log(赔款额)", "Exponential", "Gamma", "Pareto", "lognormal"), lty =
1:5, box.lty=0, col = c("black","black","black","black","black"), lwd=2, cex=1.2)

legend("bottomright", c("log(赔款额)", "Exponential","Gamma", "Pareto","lognormal"),
lty = 1:5, box.lty=0,cex = 1.2, c("black","black","black","black","black"))
```

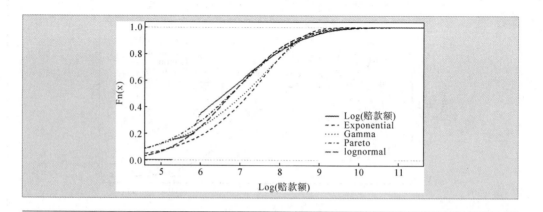

代码 5-45　样本数据和常见分布的 PP 图

```
# PP Plot
par(mfrow = c(2, 2))
Fexpon_ex <- pgamma(dataCar_claimcst $ claimcst0, scale = exp(-coef(fit.exp)),
                    shape = 1)
plot(percentiles(dataCar_claimcst $ claimcst0), Fexpon_ex, xlab = "Empirical DF",
    ylab = "Exponential DF", cex = 0.4, lwd=2,font=2,font.lab=2)
abline(0, 1)
Fgamma_ex <- pgamma(dataCar_claimcst $ claimcst0, shape = 0.7501495, scale = 2685.337)
plot(percentiles(dataCar_claimcst $ claimcst0), Fgamma_ex, xlab = "Empirical DF",
    ylab = "Gamma DF", cex = 0.4, lwd=2,font=2,font.lab=2)
abline(0, 1)
Fpareto_ex <- pparetoII(dataCar_claimcst $ claimcst0, loc = 0,
            shape = exp(coef(fit.pareto)[2]), scale = exp(coef(fit.pareto)[1]))
plot(percentiles(dataCar_claimcst $ claimcst0), Fpareto_ex, xlab = "Empirical DF",
    ylab = "Pareto DF", cex = 0.4, lwd=2,font=2,font.lab=2)
abline(0, 1)
Flnorm_ex <- plnorm(dataCar_claimcst $ claimcst0, mean = coef(fit.LN)[1],
            sd = exp(coef(fit.LN)[2]))
plot(percentiles(dataCar_claimcst $ claimcst0), Flnorm_ex, xlab = "Empirical DF",
    ylab = "Lognormal DF", cex = 0.4, lwd=2,font=2,font.lab=2)
abline(0, 1)
```

代码 5-46　样本数据和常见分布的 QQ 图（原始数据）

```
#QQ 图
#原始数据的分位数图
par( mfrow = c(2, 2))
x_seq <- seq(0.0001, 0.9999, by = 1 / length( dataCar_claimcst $ claimcst0))
#经验分位数
emp_quant <- quantile( dataCar_claimcst $ claimcst0, x_seq)
#指数分布的分位数
expon_quant <- qgamma( x_seq, scale = exp(-coef( fit.exp)), shape = 1)
plot( emp_quant, expon_quant, xlab = "Empirical Quantile", ylab = "Exponential Quantile", lwd =
2, font = 2, font.lab = 2)
abline(0, 1)
#Gamma 分布的分位数
gamma_quant <- qgamma( x_seq, shape = alpha, scale = theta)
plot( emp_quant, gamma_quant, xlab = "Empirical Quantile", ylab = "Gamma Quantile", lwd = 2,
font = 2, font.lab = 2)
abline(0, 1)
# Pareto 分布的分位数
pareto_quant <- qparetoII( x_seq, loc = 0, shape = exp( coef( fit.pareto)[2]),
                           scale = exp( coef( fit.pareto)[1]))
plot( emp_quant, pareto_quant, xlab = "Empirical Quantile", ylab = "Pareto Quantile", lwd = 2,
font = 2, font.lab = 2)
abline(0, 1)
#对数正态分布的分位数
lnorm_quant <- qlnorm( x_seq, mean = coef( fit.LN)[1], sd = exp( coef( fit.LN)[2]))
plot( emp_quant, lnorm_quant, xlab = "Empirical Quantile", ylab = "Lognormal Quantile", lwd =
2, font = 2, font.lab = 2)
abline(0, 1)
```

```
#QQ 图
#取对数数据的分位数图
par( mfrow = c(2, 2))
x_seq <- seq(0.0001, 0.9999, by = 1 / length( dataCar_claimcst $ claimcst0))
emp_quant <- quantile( dataCar_claimcst $ claimcst0, x_seq)
#指数分布
expon_quant <- qgamma( x_seq, scale = exp( -coef(fit.exp)), shape = 1)
plot( log( emp_quant), log( expon_quant), xlab = "Log Emp Quantile",
    ylab = "Log Exponential Quantile", lwd = 2, font = 2, font.lab = 2)
abline(0, 1)
#Gamma 分布
gamma_quant <- qgamma( x_seq, shape = alpha, scale = theta)
plot( log( emp_quant), log( gamma_quant), xlab = "Log Emp Quantile",
    ylab = "Log Gamma Quantile", lwd = 2, font = 2, font.lab = 2)
abline(0, 1)
# Pareto 分布
pareto_quant <- qparetoII( x_seq, loc = 0, shape = exp( coef(fit.pareto)[2]),
                scale = exp( coef(fit.pareto)[1]))
plot( log( emp_quant), log( pareto_quant), xlab = "Log Emp Quantile",
    ylab = "Log Pareto Quantile", lwd = 2, font = 2, font.lab = 2)
abline(0, 1)
#Lognormal 分布
lnorm_quant <- qlnorm( x_seq, mean = coef(fit.LN)[1], sd = exp( coef(fit.LN)[2]))
plot( log( emp_quant), log( lnorm_quant), xlab = "Log Emp Quantile",
    ylab = "Log Lognormal Quantile", lwd = 2, font = 2, font.lab = 2)
abline(0, 1)
```

2. 检验法

除了图形，还有一些统计量可以用来刻画拟合情况，主要有 K-S，A-D 等检验

代码 5-48 K-S 检验

```
library(goftest)
# Kolmogorov-Smirnov 检验
# 统计量 "D"
#Gamma 分布
ks.test(dataCar_claimcst0, "pgamma", shape = alpha, scale = theta)
```

One-sample Kolmogorov-Smirnov test

data: dataCar_claimcst $ claimcst0
D = 0.15022, p-value < 2.2e-16
alternative hypothesis: two-sided

Warning message:
In ks.test(dataCar_claimcst $ claimcst0, "pgamma", shape = alpha, :
  ties should not be present for the Kolmogorov-Smirnov test

```
#paretoII 分布
ks.test(dataCar_claimcst $ claimcst0, "pparetoII", loc = 0, shape = exp(coef(fit.pareto)[2]),
scale = exp(coef(fit.pareto)[1]))
```

One-sample Kolmogorov-Smirnov test

data: dataCar_claimcst $ claimcst0
D = 0.16279, p-value < 2.2e-16
alternative hypothesis: two-sided

Warning message:
In ks.test(dataCar_claimcst $ claimcst0, "pparetoII", loc = 0, shape = exp(coef(fit.pareto)[2]), :
  ties should not be present for the Kolmogorov-Smirnov test

代码 5-49 Cramer-von Mises 检验

```
# Cramer-von Mises 检验
# 统计量 "omega_2"
cvm.test(dataCar_claimcst $ claimcst0, "pgamma", shape = alpha, scale = theta)
```

Cramer-von Mises test of goodness-of-fit
  Null hypothesis: Gamma distribution
    with parameters shape = 0.750149521918065, scale = 2685.33674437561

Parameters assumed to be fixed

data: dataCar_claimcst $ claimcst0
omega2 = 34.06, p-value < 2.2e−16

```
cvm.test(dataCar_claimcst $ claimcst0, "pparetoII", loc = 0, shape = exp(coef(fit.pareto)[2]),
    scale = exp(coef(fit.pareto)[1]))
```

Cramer−von Mises test of goodness−of−fit
　　Null hypothesis: distribution 'pparetoII'
　　with parameters shape = 2.04651852146962, scale = 2205.02497222732
　　Parameters assumed to be fixed

data: dataCar_claimcst $ claimcst0
omega2 = 10.723, p-value < 2.2e−16

代码 5−50　A−D 检验

```
# Anderson−Darling
# the test statistic is "An"
ad.test(dataCar_claimcst $ claimcst0, "pgamma", shape = alpha, scale = theta)
```

Anderson−Darling test of goodness−of−fit
　　Null hypothesis: Gamma distribution
　　with parameters shape = 0.750149521918065, scale = 2685.33674437561
　　Parameters assumed to be fixed

data: dataCar_claimcst $ claimcst0
An = 191.34, p-value = 1.298e−07

```
ad.test(dataCar_claimcst $ claimcst0, "pparetoII", loc = 0, shape = exp(coef(fit.pareto)[2]),
scale = exp(coef(fit.pareto)[1]))
```

Anderson−Darling test of goodness−of−fit
　　Null hypothesis: distribution 'pparetoII'
　　with parameters shape = 2.04651852146962, scale = 2205.02497222732
　　Parameters assumed to be fixed

data: dataCar_claimcst $ claimcst0
An = 87.922, p-value = 1.298e−07

本章代码索引

149

保/险/统/计/学/实/验/教/程

6　线性模型

6.1　线性模型的基本原理

在中学中我们学过函数关系 $y = f(x)$，即对任一给定的 x，都有唯一确定的 y 与之对应，这种关系被称为确定关系。但实际生活中还有一些变量关系，比如身高和体重。一般来说身高越高的人体重越重，但是同样身高的人，体重却不尽相同，这说明有些变量之间有一定的关系，但又不属于确定性关系，这种关系称之为统计关系。本章介绍的线性回归模型就属于刻画统计关系的一类基本模型。

6.1.1　相关系数

【实验原理】设随机变量 Y 与 X 之间存在着某种线性相关关系，其中 X 是可观测随机变量，一般称之为自变量，而 Y 称之为因变量。为刻画这两个变量之间的相关程度，引入相关系数，总体相关系数为

$$\rho_{X,\,Y} = \frac{\mathrm{cov}\ (X,\ Y)}{\sigma_X\,\sigma_Y} \tag{6-1}$$

其估计为样本相关系数

$$r = \frac{\sum \left[(x_i - \bar{x})(y_i - \bar{y}) \right]}{\sqrt{\sum (x_i - \bar{x})^2 \sum (y_i - \bar{y})^2}} = \frac{n \sum x_i y_i - \sum x_i \sum y_i}{\sqrt{\left[n \sum x_i^2 - \left(\sum x_i \right)^2 \right]\left[n \sum y_i^2 - \left(\sum y_i \right)^2 \right]}}$$

$$= \frac{S_{XY}}{S_{XX}\,S_{YY}} \tag{6-2}$$

其中

$$S_{xy} = \sum_{i=1}^{n} (x_i - \bar{x})(y_i - \bar{y}) = \sum_{i=1}^{n} x_i y_i - \frac{\left(\sum\limits_{i=1}^{n} x_i \right)\left(\sum\limits_{i=1}^{n} y_i \right)}{n} \tag{6-3}$$

$$S_{xx} = \sum_{i=1}^{n} (x_i - \bar{x})^2 == \sum_{i=1}^{n} x_i^2 - \frac{\left(\sum\limits_{i=1}^{n} x_i \right)^2}{n} \tag{6-4}$$

$$S_{yy} = \sum_{i=1}^{n} (y_i - \bar{y})^2 = \sum_{i=1}^{n} y_i^2 - \frac{\left(\sum_{i=1}^{n} y_i\right)^2}{n} \qquad (6-5)$$

【实验内容】为研究身高和体重的关系，采用数据集 Heights vs Weights，其中包含 25 000 条 18 岁孩子的身高和体重，试分析身高和体重的相关程度。

数据来源：http://wiki.stat.ucla.edu/socr/index.php/SOCR_Data_Dinov_020108_HeightsWeights

【实验过程】

代码6-1　身高体重的散点图和相关系数的计算

```
#数据导入
lm_data <- read.csv("C:/…/height&weight.csv")
#散点图
plot(Height.Inches. ~ Weight.Pounds., data = lm_data,
    xlab = "体重（Pounds)",
    ylab = "身高（Inches)",
    main = "身高 vs 体重",
    pch  = 20,
    cex  = 2,
    col  = "gray",lwd=2,font=2,font.lab=2)
```

身高VS体重

```
#定义变量 x 和 y
x = lm_data $ Weight.Pounds.
y = lm_data $ Height.Inches.
#计算3个平方和
Sxy = sum((x - mean(x)) * (y - mean(y)))
Sxx = sum((x - mean(x)) ^ 2)
Syy = sum((y - mean(y)) ^ 2)
c(Sxy, Sxx, Syy)
```

[1]　278764.58　3399277.32　90405.94

```
#样本相关系数
#方法 1
corre<- Sxy/sqrt(Sxx * Syy)
```

〔1〕0.5028585

```
#方法 2
#利用 corr 函数计算样本相关系数
cor(x,y)
```

〔1〕0.5028585

通过散点图可以看出体重和身高有相关关系，随着体重的增加，身高有相应的增加趋势。两类样本相关系数计算得到的结果均为 0.502 858 5。

6.1.2　线性模型的参数估计与假设检验

样本相关系数绝对值的大小刻画相关程度的大小。如果两个变量之间是高度相关的，那么可以采用一元线性回归模型来刻画这种相关关系，模型表示为

$$Y_i = \beta_0 + \beta_1 X_i + \epsilon_i \tag{6-6}$$

显然 Y 与 X 之间存在一定的线性关系，但又存在一定的不确定性，ϵ_i 用于刻画这种不确定性，称为随机误差，假设随机误差服从正态分布

$$\epsilon_i \sim N(0, \sigma^2) \tag{6-7}$$

那么当随机变量 X 给定时，随机变量 Y 服从正态分布

$$Y_i \mid X_i \sim N(\beta_0 + \beta_1 x_i, \sigma^2) \tag{6-8}$$

1. 参数点估计

线性模型的误差项是随机的，因此需要确定的是 $E(Y_i) = \beta_0 + \beta_1 X_i$，即可观测变量 X 和 Y 的均值之间的确定关系，显然这是一条直线，待估参数为直线的斜率和截距。也可以理解为变量 X 和 Y 的均值之间存在线性关系，参数估计就是试图在众多的直线当中，找到最能刻画 X 和 Y 的均值之间关系的那条直线。由 $Y_i = E(Y_i) + \epsilon_i$ 可以看出，第 i 样本 Y_i 偏离直线 $E(Y_i)$ 的误差为 ϵ_i，那么 n 个样本就有 n 个误差，有的误差大于 0，有的误差小于 0，如果将误差项直接加和则存在正负抵消，因此采用平方和 $\sum_{i=1}^{n} \epsilon_i^2$，其刻画了所有样本点对直线的总偏差。显然希望找到的最优直线即为最能接近所有样本点的线性模型，也就是其残差平方和越小越好。

【实验原理】最小二乘法就是基于这一思路，通过使残差平方和最小来估计直线系数的一种方法，即

$$\operatorname*{argmin}_{\beta_0, \beta_1} \sum_{i=1}^{n} (y_i - (\beta_0 + \beta_1 x_i))^2 \tag{6-9}$$

参数估计值为

$$\hat{\beta}_1 = \frac{\sum\limits_{i=1}^{n} x_i y_i - \dfrac{\left(\sum\limits_{i=1}^{n} x_i\right)\left(\sum\limits_{i=1}^{n} y_i\right)}{n}}{\sum\limits_{i=1}^{n} x_i^2 - \dfrac{\left(\sum\limits_{i=1}^{n} x_i\right)^2}{n}} = \frac{S_{xy}}{S_{xx}} \qquad (6\text{-}10)$$

$$\hat{\beta}_0 = \bar{y} - \hat{\beta}_1 \bar{x} \qquad (6\text{-}11)$$

当给定一个新的取值 x 时，相应 y 的估计值为

$$\hat{y} = \hat{\beta}_0 + \hat{\beta}_1 x \qquad (6\text{-}12)$$

方差的估计值为

$$\hat{\sigma}^2 = \frac{1}{n-2} \sum_{i=1}^{n} \left(y_i - (\hat{\beta}_0 + \hat{\beta}_1 x_i)\right)^2$$

$$= \frac{1}{n-2} \sum_{i=1}^{n} (y_i - \hat{y}_i)^2$$

$$= \frac{1}{n-2}\left(S_{yy} - \frac{S_{xy}^2}{S_{xx}}\right) \qquad (6\text{-}13)$$

【实验内容】求刻画身高和体重关系的线性回归方程。

【实验过程】

代码 6-2　线性模型参数的分解点估计

```
#计算待估参数 β̂₀ 和 β̂₁
beta_1_hat = Sxy / Sxx
beta_0_hat = mean(y) - beta_1_hat * mean(x)
c(beta_0_hat, beta_1_hat)
```

[1] 57. 57170990　0. 08200701

```
#预测 x = 150
beta_0_hat + beta_1_hat * 150
```

[1] 69. 87276

```
#方差的估计方法 1
y_hat = beta_0_hat + beta_1_hat * x
e     = y - y_hat
n     = length(e)
s2_e  = sum(e^2) / (n - 2)
s2_e
```

[1] 2. 702028

```
#样本标准差
s_e = sqrt(s2_e)
s_e
```

[1] 1.643785

```
#方差估计方法 2
s2_e = (Syy- Sxy^2/ Sxx)/ (n - 2)
```

[1] 2.702028

上述代码 6-2 是按照线性模型参数估计量计算的各类参数的估计值。其实针对线性模型，R 软件中有专门的函数 lm（）用于线性模型的相关计算。

代码 6-3　线性模型参数的简洁点估计

```
# lm 函数估计参数
result.lm = lm( Height.Inches. ~ Weight.Pounds., data= lm_data)
head( lm_data)
```

Index	Height.Inches.	Weight.Pounds.
1	1	65.78331	112.9925
2	2	71.51521	136.4873
3	3	69.39874	153.0269
4	4	68.21660	142.3354
5	5	67.78781	144.2971
6	6	68.69784	123.3024

```
#参数的提取
coeffs = coefficients( result.lm) ; coeffs
```

（Intercept）	Weight.Pounds.
57.57170990	0.08200701

```
#可决系数的估计
summary( result.lm) $ r.squared
```

[1] 0.2528667

```
#标准差的估计
summary( result.lm) $ sigma
```

[1] 1.643785

```
#拟合效果图
plot( Height.Inches. ~ Weight.Pounds., data = lm_data,
    xlab = " Weight (Pounds)",
    ylab = " Height (Inches)",
    main = "Height vs Weight",
    pch  = 20,
    cex  = 2,
    col  = "blue",lwd = 2,font = 2,font.lab = 2)
#添加回归线
abline( result.lm, lwd = 3, col = "darkorange")
```

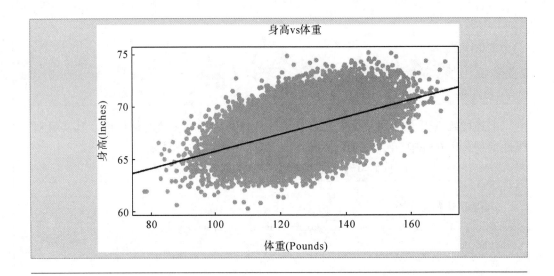

2. 参数的区间估计

【实验原理】线性模型的系数进行区间估计时，相应的统计量为

$$\frac{\hat{\beta}_0 - \beta_0}{\mathrm{SE}[\hat{\beta}_0]} \sim t_{n-2} \tag{6-14}$$

$$\frac{\hat{\beta}_1 - \beta_1}{\mathrm{SE}[\hat{\beta}_1]} \sim t_{n-2} \tag{6-15}$$

其中

$$\mathrm{SE}[\hat{\beta}_0] = \hat{\sigma}\sqrt{\frac{1}{n} + \frac{\bar{x}^2}{S_{xx}}} \tag{6-16}$$

$$\mathrm{SE}[\hat{\beta}_1] = \frac{\hat{\sigma}}{\sqrt{S_{xx}}} \tag{6-17}$$

在显著性水平 $100(1-\alpha)\%$ 下，系数的区间估计分别为

$$\hat{\beta}_0 \pm t_{\alpha/2,\,n-2} \cdot \mathrm{SE}[\hat{\beta}_0] = \hat{\beta}_0 \pm t_{\alpha/2,\,n-2} \cdot \hat{\sigma}\sqrt{\frac{1}{n} + \frac{\bar{x}^2}{S_{xx}}} \tag{6-18}$$

$$\hat{\beta}_1 \pm t_{\alpha/2,\,n-2} \cdot \mathrm{SE}[\hat{\beta}_1] = \hat{\beta}_1 \pm t_{\alpha/2,\,n-2} \cdot \frac{\hat{\sigma}}{\sqrt{S_{xx}}} \tag{6-19}$$

其中 $P(t_{n-2} > t_{\alpha/2,\,n-2}) = \alpha/2$。

【实验内容】求刻画身高和体重关系的线性方程系数的区间估计。

【实验过程】

代码 6-4　线性模型系数的区间估计和估计值的意义

```
#系数的区间估计,分别给出置信水平为 0.01,0.05,0.1
confint(result.lm, level = 0.99)
```

	0.5 %	99.5 %
(Intercept)	57.27862212	57.8647977
Weight.Pounds.	0.07971033	0.0843037

confint(result.lm, level = 0.95)

	2.5 %	97.5 %
(Intercept)	57.3487039	57.79471593
Weight.Pounds.	0.0802595	0.08375453

confint(result.lm, level = 0.90)

	5 %	95 %
(Intercept)	57.38455947	57.75886033
Weight.Pounds.	0.08054047	0.08347356

3. 系数的假设检验

线性回归模型中的假设检验主要集中于检验变量之间是否存在显著的线性关系，存在正的相关还是负的相关。根据相关系数的定义，其可以通过相关系数的假设检验得出结论。常见的形式见表 6.1。

表 6.1　相关系数的三种假设检验形式

相关系数（Pearson's r）			
研究问题	总体相关系数等于 0	总体相关系数为正	总体相关系数为负
原假设 H_0	$\rho = 0$	$\rho = 0$	$\rho = 0$
备择假设 H_1	$\rho \neq 0$	$\rho > 0$	$\rho < 0$
检验类型	双边检验	右尾检验	左尾检验

根据线性回归模型系数的意义，也可以通过斜率系数的假设检验来判定变量之间是否存在显著的线性关系。见表 6.2。这种形式更常用，因为其检验统计量与区间估计的相同。

表 6.2　斜率系数的三种假设检验形式

简单线性回归：斜率			
研究问题	总体回归斜率为 0?	总体回归斜率为正?	总体回归斜率为负?
原假设 H_0	$\beta_1 = 0$	$\beta_1 = 0$	$\beta_1 = 0$
备择假设 H_1	$\beta_1 \neq 0$	$\beta_1 > 0$	$\beta_1 < 0$
检验类型	双边检验	右尾检验	左尾检验

【实验原理】检验变量之间是否存在显著的线性关系时用到的检验统计量

$$\frac{\hat{\beta}_1 - 0}{\mathrm{SE}[\hat{\beta}_1]} = \frac{\hat{\beta}_1 - 0}{\hat{\sigma}/\sqrt{S_{xx}}} \sim t_{n-2} \tag{6-20}$$

【实验内容】检验身高和体重之间是否有显著的线性关系。

$$H_0: \beta_1 = 0 \text{ vs } H_1: \beta_1 \neq 0$$

【实验过程】

代码 6-5　相关性的假设检验

```
#相关检验
cor.test( x, y, method = c( "pearson" ) )
```

Pearson's product-moment correlation

data： x and y
t = 91. 981, df = 24998, p-value < 2. 2e-16
alternative hypothesis：true correlation is not equal to 0
95 percent confidence interval：
0. 4935390 0. 5120626
sample estimates：
　　　cor
0. 5028585

观察 p-value 小于 0. 05 则相关。

代码 6-6　线性模型系数估计值的意义

```
#回归系数的相关估计
summary( result.lm) $ coefficients
```

	Estimate	Std. Error	t value	Pr(>|t|)
(Intercept)	57. 57170990	0. 1137751671	506. 01297	0
Weight.Pounds.	0. 08200701	0. 0008915621	91. 98127	0

```
#斜率系数
summary( result.lm) $ coefficients[ 2, ]
```

Estimate	Std. Error	t value	Pr(>|t|)
8. 200701e-02	8. 915621e-04	9. 198127e+01	0. 000000e+00

```
#截距参数的相关估计
model_test_info = summary( result.lm) $ coefficients
#估计值
beta_1_hat       = model_test_info[ 2, 1]
#标准差
beta_1_hat_se    = model_test_info[ 2, 2]
#T 统计量值
beta_1_hat_t     = model_test_info[ 2, 3]
# Pr(>|t|)值
beta_1_hat_pval = model_test_info[ 2, 4]
#向量输出
c( beta_1_hat, beta_1_hat_se, beta_1_hat_t, beta_1_hat_pval)
```

[1]	0. 08200701	0. 0008915621	91. 98127	0

为便于理解，我们给出公式和结果的关系

$$\hat{\beta}_1 = 0.082\ 007\ 01. \tag{6-21}$$

$$\mathrm{SE}[\hat{\beta}_1] = \frac{\hat{\sigma}}{\sqrt{S_{xx}}} = 0.000\ 891\ 562\ 1. \tag{6-22}$$

$$t = \frac{\hat{\beta}_1 - 0}{\mathrm{SE}[\hat{\beta}_1]} = 91.981\ 27. \tag{6-23}$$

$$\mathrm{p-value} = 0. \tag{6-24}$$

显然相应的 P 值小于 0.05，拒绝原假设，因此身高和体重之间有显著性的线性相关关系。

4. 线性回归模型的方差分析表

表 6.3 回归模型的方差分析表

分散来源	平方和	自由度	平均平方和	F
回归	$\sum_{i=1}^{n}(\hat{y}_i - \bar{y})^2$	1	SSReg/1	MSReg/MSE
误差	$\sum_{i=1}^{n}(y_i - \hat{y}_i)^2$	$n-2$	SSE/$(n-2)$	
总和	$\sum_{i=1}^{n}(y_i - \bar{y})^2$	$n-1$		

其相应统计量为 F 统计量

$$F = \frac{\sum_{i=1}^{n}(\hat{y}_i - \bar{y})^2/1}{\sum_{i=1}^{n}(y_i - \hat{y}_i)^2/(n-2)} \sim F_{1,\ n-2} \tag{6-25}$$

代码 6-7 lm 函数的所有结果

```
summary(result.lm)

Call：

lm(formula = Height.Inches. ~ Weight.Pounds., data = lm_data)


Residuals：
    Min      1Q   Median      3Q     Max
-6.3235 -1.0935   0.0132  1.1049  7.2587


Coefficients：
                Estimate Std. Error t value Pr(>|t|)
(Intercept)    5.757e+01  1.138e-01  506.01  <2e-16 ***
Weight.Pounds. 8.201e-02  8.916e-04   91.98  <2e-16 ***
```

Signif. codes: 0 '***' 0.001 '**' 0.01 '*' 0.05 '.' 0.1 ' ' 1

Residual standard error: 1.644 on 24998 degrees of freedom
Multiple R-squared: 0.2529, Adjusted R-squared: 0.2528
F-statistic: 8461 on 1 and 24998 DF, p-value: < 2.2e-16

```
anova(result.lm)
```

Analysis of Variance Table

Response: Height.Inches.

	Df	Sum Sq	Mean Sq	F value	Pr(>F)
Weight.Pounds.	1	22861	22860.7	8460.6	< 2.2e-16 ***
Residuals	24998	67545	2.7		

Signif. codes: 0 '***' 0.001 '**' 0.01 '*' 0.05 '.' 0.1 ' ' 1

```
#还有另一种等效的方法来实现两个模型的比较
# Y_i = β_0 + ε_i
lm(Height.Inches. ~ 1, data = lm_data)
```

Call:
lm(formula = Height.Inches. ~ 1, data = lm_data)

Coefficients:
(Intercept)
    67.99

```
# Y_i = β_0 + β_1 x_i + ε_i
lm(Height.Inches. ~ Weight.Pounds., data = lm_data)
```

Call:
lm(formula = Height.Inches. ~ Weight.Pounds., data = lm_data)

Coefficients:
 (Intercept)   Weight.Pounds.
  57.57171   0.08201

```
anova(lm(Height.Inches. ~ 1, data = lm_data), lm(Height.Inches. ~ Weight.Pounds., data = lm_data))
```

Analysis of Variance Table

Model 1: Height.Inches. ~ 1
Model 2: Height.Inches. ~ Weight.Pounds.

Res.Df	RSS	Df	Sum of Sq	F	Pr(>F)

1	24999 90406				
2	24998 67545	1	22861 8460. 6	< 2. 2e-16	***

Signif. codes：0 ' *** ' 0.001 ' ** ' 0.01 ' * ' 0.05 '.' 0.1 ' ' 1

回归模型给出的结果包括刻画数据拟合程度的线性回归模型的残差、残差标准差、可决系数，以及变量 X 和 Y 之间依赖关系的统计量 F 值，相应 P 值越小越好。

6.2　线性模型的评价和预测

6.2.1　线性模型的评价

线性回归模型对数据完成拟合之后，需要对模型的拟合效果展开评估。即模型是否充分解释了数据的规律性，也可以理解为未解释的部分是否为随机误差。因此将方差分为两部分，一部分是由回归模型引起的，剩余部分为随机误差。

$$\sum_{i=1}^{n} (y_i - \bar{y})^2 = \sum_{i=1}^{n} (y_i - \hat{y}_i)^2 + \sum_{i=1}^{n} (\hat{y}_i - \bar{y})^2 \tag{6-26}$$

$$\text{SST} = \text{SSE} + \text{SSReg} \tag{6-27}$$

1. 线性模型拟合优度

【实验原理】线性模型的拟合优度即线性模型对观测数据的接近程度。可决系数常用于刻画线性模型的拟合优度。其定义为回归平方和占等平方和的比例，即

$$R^2 = \frac{\text{SSReg}}{\text{SST}} = \frac{\sum_{i=1}^{n} (\hat{y}_i - \bar{y})^2}{\sum_{i=1}^{n} (y_i - \bar{y})^2}$$

$$= 1 - \frac{\sum_{i=1}^{n} (y_i - \hat{y}_i)^2}{\sum_{i=1}^{n} (y_i - \bar{y})^2} = 1 - \frac{\text{SSE}}{\text{SST}} \tag{6-28}$$

可决系数越大，说明回归平方和占的比例越高。即由 X 的变动引起的 Y 的变化的比例越高，因此采用线性回归模型来解释规律更合理。

【实验内容】基于身高和体重数据计算进行回归模型的可决系数。

【实验过程】

代码6-8　可决系数的计算

```
#可决系数的计算
SST   = sum((y - mean(y)) ^ 2)
SSReg = sum((y_hat - mean(y)) ^ 2)
SSE   = sum((y - y_hat) ^ 2)
c(SST = SST, SSReg = SSReg, SSE = SSE)
```

```
       SST      SSReg       SSE
90405. 94 22860. 65 67545. 29
```

```
R2 = SSReg / SST
R2
```

[1] 0. 2528667

```
#可决系数
summary( result.lm) $ r.squared
```

[1] 0. 2528667

3. 残差分析

线性回归模型假设残差服从正态分布，零均值，方差齐次。利用系数估计值，可以计算出一系列参差值 $\hat{\epsilon}_i = y_i - \hat{y}_i$, $i = 1, \cdots, n$. 可以画出自变量与残差的散点图或自变量与标准残差的散点图，以此来检验回归模型的拟合效果。

【实验原理】 如果变量之间只存在线性相关关系，那么残差应该满足

$$\epsilon_i \sim N(0, \sigma^2)$$

【实验内容】 基于体重与身高的数据，画出残差或标准残差的散点图。

【实验过程】

代码6-9 残差和标准残差的散点图

```
#残差图
#计算残差值
res = resid( result.lm)
#体重为 x 残差为 y,画散点图
plot( lm_data $ Weight.Pounds., res,
    ylab = "残差" , xlab = "体重(Pounds)" ,
    main = "残差散点图" , col  = "grey" , lwd = 2,font = 2,fony.lab = 2)
#添加直线
abline( 0, 0,col  = "black" )                    # the horizon
```

残差散点图

```
# 计算标准化残差
stdres = rstandard(result.lm)
plot(lm_data $ Weight.Pounds., stdres,
    ylab="标准化残差", xlab="体重(Pounds)",
    main="标准化残差散点图", col = "gray",lwd=2,font=2)
abline(0, 0, col = "black")
```

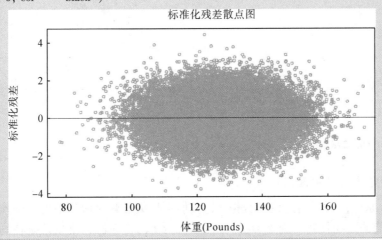

6.2.2 线性模型的预测

研究数据的规律是为了利用这个规律进行预测。线性回归模型刻画了数据的线性相关关系，利用其估计结果可以对新数据关系进行预测。

1. 均值的预测区间

【实验原理】由变量 X 和 Y 的均值关系 $E(Y_i) = \beta_0 + \beta_1 X_i$ 可知，给定一个新的 $X = x$，相应 Y 的均值的点预测值为 $\hat{y}(x) = E(\widehat{Y_i}) = \hat{\beta}_0 + \hat{\beta}_1 x$，相应统计量的分布为

$$\hat{y}(x) \sim N\left(\beta_0 + \beta_1 x, \ \sigma^2\left(\frac{1}{n} + \frac{(x - \bar{x})^2}{S_{xx}}\right)\right) \quad (6-29)$$

其中

$$\mathrm{SE}[\hat{y}(x)] = \hat{\sigma}\sqrt{\frac{1}{n} + \frac{(x - \bar{x})^2}{S_{xx}}} \quad (6-30)$$

在显著性水平 $100(1 - \alpha)\%$ 下，y 的均值的预测区间为

$$\left[\hat{y}(x) - t_{\alpha/2, \ n-2} \cdot \hat{\sigma}\sqrt{\frac{1}{n} + \frac{(x - \bar{x})^2}{S_{xx}}}, \ \hat{y}(x) + t_{\alpha/2, \ n-2} \cdot \hat{\sigma}\sqrt{\frac{1}{n} + \frac{(x - \bar{x})^2}{S_{xx}}}\right]$$

【实验内容】给定一个新的体重 $x = 150$，预测相应平均身高的区间（$\alpha = 0.05$）。

【实验过程】

代码 6-10　均值的预测区间

```
#点预测
#新给定的数据必须是数据框结构
newdata = data.frame( Weight.Pounds. = 150)
predict( result.lm, newdata)
```

　　　　1
69. 87276

```
# 均值的预测区间
predict( result.lm, newdata, interval = "confidence", level = 0. 99)
```

　　　fit　　　lwr　　　upr
1 69. 87276 69. 82782 69. 9177

3. 给定值的预测区间

【实验原理】对于给定的新数据 X，我们不仅关心其相应均值的区间预测，更关心其准确值的区间预测。由 $Y_i = \beta_0 + \beta_1 X_i + \epsilon_i = E(Y_i) + \epsilon_i$，准确值是在均值的基础上加随机误差，因此其可能的预测区间将更宽。表现在方差上就是其取值变得更大，因此其相应统计量的分布为

$$\hat{y}(x) + \epsilon \sim N\left(\beta_0 + \beta_1 x, \ \sigma^2\left(1 + \frac{1}{n} + \frac{(x - \bar{x})^2}{S_{xx}}\right)\right) \tag{6-31}$$

其中 $SE[\hat{y}(x) + \epsilon] = \hat{\sigma}\sqrt{1 + \dfrac{1}{n} + \dfrac{(x - \bar{x})^2}{S_{xx}}}$。

在显著性水平 $100(1 - \alpha)\%$ 下，y 的预测区间为

$$\hat{y}(x) \pm t_{\alpha/2, \, n-2} \cdot \hat{\sigma}\sqrt{1 + \frac{1}{n} + \frac{(x - \bar{x})^2}{S_{xx}}} \tag{6-32}$$

【实验内容】给定一个新的体重 $x = 150$，预测相应身高的区间（$\alpha = 0.05$）。

【实验过程】

代码 6-11　给定值的预测区间

```
#X = 150 的预测区间
predict( result.lm, newdata, interval = "predict", level = 0. 95)
```

　　　fit　　　lwr　　　upr
69. 87276　66. 65053　73. 09499

　　单个点 $x = 150$ 的点预测为 69. 872 76，在置信水平 0. 95 下，相应预测区间为 [66. 650 53，73. 094 99]。显然当 $x = \bar{x}$，预测区间的半径达到最小。为显示预测区间的变化，下面画图显示。

代码 6-12 均值和给定值预测区间的图示

```
#提取 200 组数据
result.lm0 = lm(Height.Inches.[2:201] ~ Weight.Pounds.[2:201], data = lm_data)
# 给定 200 个 x 值
speed_grid = seq(min(lm_data $ Weight.Pounds.[2:201]), max(lm_data $ Weight.Pounds.[2:
201]), by = 0.306)##必须保证是 200 个数
#给出 200 组均值的预测区间
dist_ci_band = predict (result.lm0,
                newdata = data.frame(Weight.Pounds. = speed_grid),
                interval = "confidence", level = 0.99)
#给出 200 组给定值的预测区间
dist_pi_band = predict (result.lm0,
                newdata = data.frame(Weight.Pounds. = speed_grid),
                interval = "prediction", level = 0.99)
#散点图
plot(Height.Inches.[2:201] ~ Weight.Pounds.[2:201], data = lm_data,
    xlab = " 体重(Pounds)",
    ylab = "身高(Inches)",
    main = "身高 VS 体重",
    pch  = 20,
    cex  = 2,
    col  = "grey",
    ylim = c(60, max(lm_data $ Height.Inches.[2:201])),lwd=2,font=2,font.lab=2)
#添加回归直线
abline(result.lm0, lwd = 1, col = "black")
#均值估计的下界线
lines(speed_grid, dist_ci_band[,"lwr"], col = " black ", lwd = 3, lty = 2)
#均值估计的上界线
lines(speed_grid, dist_ci_band[,"upr"], col = " black ", lwd = 3, lty = 2)
#点值预测的下界线
lines(speed_grid, dist_pi_band[,"lwr"], col = " black ", lwd = 3, lty = 3)
#点值预测的上界线
lines(speed_grid, dist_pi_band[,"upr"], col = " black ", lwd = 3, lty = 3)
#添加均值点
points(mean(lm_data $ Weight.Pounds.[2:201]), mean(lm_data $ Height.Inches.[2:201]),
pch = "+", cex = 3)
```

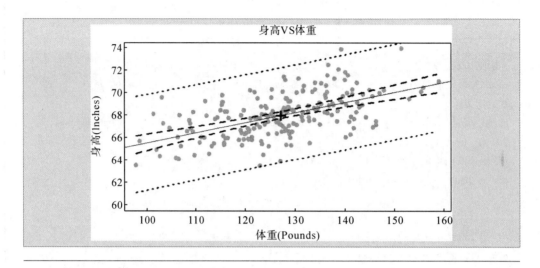

可以看出样本数据，回归直线，均值的预测区间和给定值的预测区间。

本章代码索引

7 方差分析

7.1 方差分析实验原理

7.1.1 问题的提出

在以前的章节中我们研究过假设检验问题。假设检验主要研究两个总体相应的某些指标是否存在显著性差异？比如均值。在保险实际问题当中，涉及多个总体的均值是否存在显著性差异的问题。比如在不同地区，同一保险产品的平均赔款额是否存在显著性差异？不同年龄段的投保人的平均赔付额是否存在显著性差异？因此，我们需要研究多个整体的均值，是否存在显著性差异的问题。它可以看作是假设检验的推广，但其原理与假设检验不同。

7.1.2 基本概念

下面我们给出一组数据，借助这组数据来说明方差分析所涉及的基本概念。该数据是某保险公司将同一车险产品在六个不同区域进行销售，并在不同区域的投保人中，分别随机抽取了 4 份赔款额的保单，如表 7.1 所示。

表 7.1 不同区域保单赔付额　　　　　　　单位：元

区域	A	B	C	D	E	F
保单 1	0	669.51	0	0	0	0
保单 2	865.79	0	401.805 5	369.18	0	806.61
保单 3	0	0		353.77	0	0
保单 4	0	0	0	0	0	1 811.71

数据来自 library（insuranceData）中 dataCar 数据集

该组数据给出了 A、B、C、D、E、F 6 个不同的区域。每个区域抽取了 4 份保单，分别给出其相应的赔款额。保险公司关心的是不同区域的保单，其平均赔款额是否存在显著性差异。注意表格仅展示了 4 份保单的赔款额，其不能反映该地区保单赔款额的真实水平，实际数据分析中将有更多的数据。

显然区域的不同可能造成平均赔款额的不同，我们称区域为因素。而 6 个不同的区域，我们称之为因素的水平。我们将每个区域的保单看作一个总体，假设第 i 个总体的平均赔款额为 μ_i，$i = 1, \cdots, 6$，那么我们研究的问题就可以表述为

$$H_0: \mu_1 = \mu_2 = \cdots \mu_6 \text{ vs } H_1: \quad \text{Not all } \mu_i \text{ are equal}$$

该问题还有另外一种表达。假设 μ 为不受区域因素影响的总体均值。α_i 为第 i 个区域造成的均值偏差。从而有 $\mu_i = \mu + \alpha_i$，上述假设可等价的表示为

$$H_0: \alpha_1 = \alpha_2 = \cdots = \alpha_6 = 0 \text{ vs } H_1: \quad \text{Not all } \alpha_i \text{ are } 0$$

7.1.3 方差分析的基本原理

上述问题也可以以模型的形式来刻画。y_{ij} 表示第 i 个水平的第 j 个观测值，观测值的不同可能有两部分因素造成，一是区域因素，二是随机误差。α_i 表示区域因素第 i 个水平的影响，e_{ij} 表示随机误差对第 i 个水平的第 j 个观测值的影响，从而任意观测值可以有以下分解形式：

$$y_{ij} = \mu + \alpha_i + e_{ij}$$
$$e_{ij} \sim N(0, \sigma^2) \tag{7-1}$$

$i = 1, 2, \cdots, k$ 表示共有 k 个水平。$j = 1, 2, \cdots, n_i$ 表示第 i 个总体内观测值的个数。其中 n_i 可以不同，总的观测值的个数为

$$n = \sum_{i=1}^{k} n_i \tag{7-2}$$

本问题主要研究赔款额均值的不同是否是由区域因素引起的。刻画观测值波动的主要指标是方差，因此我们从方差的分解入手。将方差分解为两部分：一部分是由区域因素引起的，另一部分是由随机误差引起的

$$\sum_{i=1}^{k} \sum_{j=1}^{n_i} (y_{ij} - \bar{y})^2 = \sum_{i=1}^{k} \sum_{j=1}^{n_i} (\bar{y}_i - \bar{y})^2 + \sum_{i=1}^{k} \sum_{j=1}^{n_i} (y_{ij} - \bar{y}_i)^2 \tag{7-3}$$

对应的简记为

$$SST = SSB + SSR \tag{7-4}$$

基于这个分解建立方差分析表，见表 7.2。

表 7.2　单因素试验方差分析表

方差来源	平方和	自由度	均方	F 值
因素	SSB	$k - 1$	SSB / DFB	MSB / MSR
误差	SSR	$n - k$	SSR / DFR	
总和	SST	$n - 1$		

根据 F 值的取值大小来判断观测值的波动是否是由区域因素引起的。F 值越大越说明因素的影响越大，即波动中组间方差是主要部分，也就是因素引起的观测值的波动起主要作用，这有利于拒绝原假设；反之 F 值越小越说明随机误差因素引起的波动起主要作用，这有利于接受原假设。

$$SSB = \sum_{i=1}^{k} \sum_{j=1}^{n_i} (\bar{y}_i - \bar{y})^2 = \sum_{i=1}^{k} n_i (\bar{y}_i - \bar{y})^2 \tag{7-5}$$

$$SSR = \sum_{i=1}^{k} \sum_{j=1}^{n_i} (y_{ij} - \bar{y}_i)^2 = \sum_{i=1}^{k} (n_i - 1) s_i^2 \tag{7-6}$$

7.2 方差分析的实验代码

7.2.1 方差分析的代码实现

【实验内容】车险数据 dataCar 中不同区域的保单赔款额均值是否相同。

【实验过程】

代码 7-1　创建数据对象

```
library( vctrs)
library( insuranceData)
dataCar_claimcst <- subset( dataCar, claimcst0 > 0)
dataCar_claimcst1 <- subset( dataCar_claimcst, 10000 > claimcst0)#0~10000 赔款额
area1 = dataCar_claimcst1 $ area        # 区域
area1.freq = table( area1)     # apply the table function
area1.freq
```

area1

A	B	C	D	E	F
1059	940	1359	483	370	262

该组数据给出不同区域观测值的个数，显然他们之间是不同的，其中 C 区域的样本观测值最多，为 135 9 个，F 区域的观测值个数最少，仅有 262 个。当然正如我们前面提到的那样，这并不影响我们进行方差分析。

代码 7-2　索赔额的箱状图

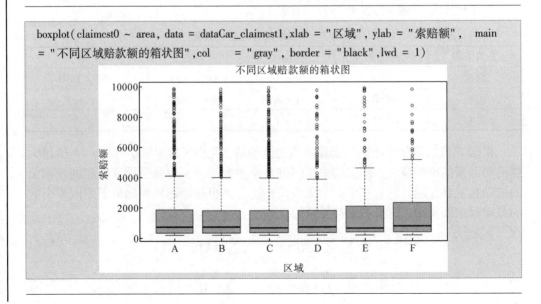

```
boxplot( claimcst0 ~ area, data = dataCar_claimcst1,xlab = "区域", ylab = "索赔额",   main
= "不同区域赔款额的箱状图",col      = "gray", border = "black",lwd = 1)
```

从箱状图可以看出不同区域的赔款额分布存在差异，那么其赔款额均值是否存在显著差异，是我们接下来要研究的工作。car_aov = 不同组的方差差异。下面我们用 Levene's test 来检验方差的齐次性，其在 car 程序包内。

代码 7-3　方差分析

```
# aov 为方差分析函数
car_aov<-aov( claimcst0 ~ area, data = dataCar_claimcst1 )
#用 summary( )函数查看信息
summary( car_aov)
```

	Df	Sum Sq	Mean Sq	F value	Pr(>F)
area	5	1.100e+07	2200446	0.619	0.685
Residuals	4467	1.588e+10	3555217		

结果中包括自由度、平方和、均方、F 值、相应概率，概率大于 0.05，因此接受原假设，即不同区域的赔款额均值无显著性差异。

代码 7-4　不同区域的均值预测

```
area = data.frame( area = unique( dataCar_claimcst1 $ area) )
data.frame( area, coag = predict( car_aov, area) )
```

	area	coag
1	B	1509.957
2	F	1661.016
3	C	1502.961
4	A	1501.747
5	E	1604.979
6	D	1450.334

由此可以看出不同区域组的实际样本均值水平差异不大。

7.2.2　方差分析的条件验证

方差分析也有自己的适用条件——独立性、正态性（各水平因变量服从正态分布，准确地说应该是模型残差服从正态分布）、方差齐性（各水平的总体具有相同的方差），需要对其进行评估。

1. 方差齐次性检验

代码 7-5　检验方差齐性（图示法）

```
#残差和拟合值( 各组均值) 的散点图
plot( car_aov, 1, lwd = 2, font = 2, font.lab = 2)
```

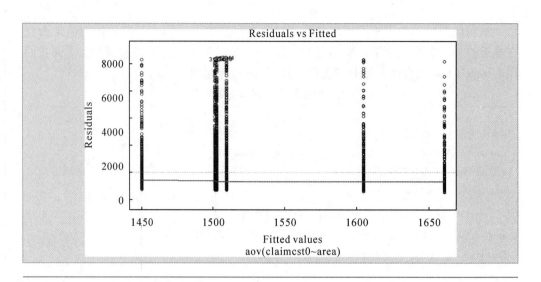

从残差图上看不出不同组的方差差异。下面我们用 Levene's test 来检验方差的齐次性，其在 car 程序包内。

代码 7-6　检验方差齐性（Levene's test）

```
# Levene's test
#首先安装相关的程序包
install.packages( "rio" )
install.packages( "carData" )
install.packages( "car" )
library( car )
leveneTest( claimcst0 ~ area, data = dataCar_claimcst1 )
```

Levene's Test for Homogeneity of Variance (center = median)

	Df	F value	Pr(>F)
group	5	0. 4482	0. 8149
	4467		

显然 P 值远远大于显著性水平 0.05，这说明没有充分的证据得出不同组的方差之间存在显著不同的结论，因此认为假设方差齐次是成立的。

2. 正态性检验

代码 7-7　正态性检验（图示法）

```
#利用 QQ 图进行正态性检验,坐标轴上分别为残差的分位数与正态分布的分位数。
plot( car_aov, 2  ,lwd = 2,font = 2,font.lab = 2)
```

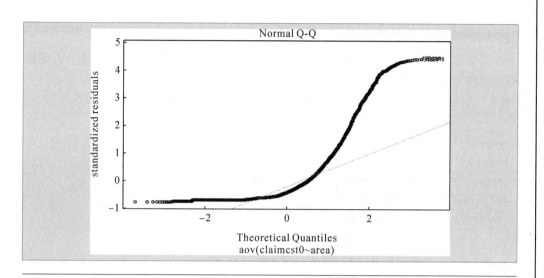

从 Q-Q 图结果来看，正态性条件不满足。下面进一步用 shapiro. test 进行正态性检验。

代码 7-8   正态性检验（shapiro.test）

```
# 提取残差
aov_residuals <- residuals( object = car_aov )
# Shapiro-Wilk 检验
shapiro.test( x = aov_residuals )
```

Shapiro-Wilk normality test
data： aov_residuals
W = 0. 70465, p-value < 2. 2e-16

P 值小于显著性水平 0. 05，即有充分的证据拒绝原假设，也就是说残差服从正态分布的假设是不成立的。

3. 条件不满足时的方差分析

当方差分析的假设不能被满足时，可以采用非参数的方法进行检验，常见的是非参数检验（kruskal.test）。

代码 7-9   非参数检验（kruskal.test）

```
# Kruskal-Wallis 秩和检验,非参数检验法,不满足正态分布
kruskal.test( claimcst0 ~ area, data = dataCar_claimcst1 )
```

        Kruskal-Wallis rank sum test
data： claimcst0 by area
Kruskal-Wallis chi-squared = 20. 328, df = 5, p-value = 0. 001084

P 值小于显著性水平 0. 05。这说明不同整体之间的均值存在显著性差异。这与 aov 分析的结果是不同的。

4. 方差分析数据的要求

需要注意的是，当我们在进行方差分析时，因素必须是一个因子变量。否则你得到的将不是方差分析的结果。

代码 7-10　因素为数值变量时的结果

```
set.seed(42)
response = rnorm(15)
group    = c(rep(1, 5), rep(2, 5), rep(3, 5))##数值
bad = data.frame(response, group)
summary(aov(response ~ group, data = bad))
```

	Df	Sum Sq	Mean Sq	F value	Pr(>F)
group	1	0.017	0.0173	0.015	0.903
Residuals	13	14.698	1.1306		

这是一个回归分析的结果。

代码 7-11　因素为因子变量时的结果

```
good = data.frame(response, group = as.factor(group))#数值改为因子
summary(aov(response ~ group, data = good))
```

	Df	Sum Sq	Mean Sq	F value	Pr(>F)
group	2	0.232	0.1158	0.096	0.909
Residuals	12	14.484	1.2070		

显然因素为不同变量时方差分析的结果不同。代码 7-7 中将数值型分组变量转化为因子变量，得到的方差分析的结果是正确的。

代码 7-12　查看分组数据的类型

```
is.factor(bad $ group)
```

[1] FALSE

```
is.factor(good $ group) # 1, 2, and 3 are labels.
```

[1] TRUE

5. F 的经验分布

方差分析是根据 F 值的大小做出决策的，那么 F 统计量到底服从一个什么样的分布，它的形状是怎样的呢？接下来我们通过随机模拟来展示 F 分布的形状。在原假设成立且方差均相等的条件下，F 分布的经验分布如下。

代码 7-13　*F* 的经验分布

```
library(broom)
sim_anova = function(n = 10, mu_a = 0, mu_b = 0, mu_c = 0, mu_d = 0, sigma = 1, stat =
TRUE) {
  #产生四组样本量相同的均值不同方差相等的随机数。
  # 分组分别记为 A, B, C 和 D

  sim_data = data.frame(
    response = c(rnorm(n = n, mean = mu_a, sd = sigma),
                 rnorm(n = n, mean = mu_b, sd = sigma),
                 rnorm(n = n, mean = mu_c, sd = sigma),
                 rnorm(n = n, mean = mu_d, sd = sigma)),
    group = c(rep("A", times = n), rep("B", times = n),
              rep("C", times = n), rep("D", times = n))
  )
  # obtain F-statistic and p-value for testing difference of means
  # use lm instead of aov for better result formatting with glance
  aov_results = lm(response ~ group, data = sim_data)
  f_stat = glance(aov_results) $ statistic
  p_val  = glance(aov_results) $ p.value
  # return f_stat if stat = TRUE, otherwise, p-value
  ifelse(stat, f_stat, p_val)
}
f_stats = replicate(n = 5000, sim_anova(stat = TRUE))
hist(f_stats, breaks = 100, prob = TRUE, border = "gray", main = "Empirical Distribution of
F")
curve(df(x, df1 = 4 - 1, df2 = 40 - 4), col = "black", add = TRUE, lwd = 2)
```

F的经验分布

7.3 事后检验

7.3.1 总体均值两两检验

当方差分析的结果是拒绝原假设，也就是至少有一些整体的均值是不相等的，那么我们自然关心到底是哪些总体的均值不相等，是全部不相等，还是只有其中一部分总体的均值不相等。我们需要进一步研究，这时主要采用两两总体均值的比较。两个独立总体的均值比较，当方差相等时，t-test 的统计量

$$t = \frac{m_A - m_B}{\sqrt{\dfrac{S^2}{n_A} + \dfrac{S^2}{n_B}}} \tag{7-7}$$

$$S^2 = \frac{\sum (x - m_A)^2 + \sum (x - m_B)^2}{n_A + n_B - 2} \tag{7-8}$$

$$df = n_A + n_B - 2 \tag{7-9}$$

采用 Student's t distribution。当方差不相等时，采用 Welch t test 。

代码7-14　两总体均值是否相等（方差不等）

```
#区域 A 与 B 两总体均值检验,默认使用 Welch's T 检验
t.test(dataCar_claimcst1 $ claimcst0[dataCar_claimcst1 $ area %in%c("A","B")] ~ dataCar_
claimcst1 $ area[dataCar_claimcst1 $ area %in%c("A","B")])
```

　　　　Welch Two Sample t-test

data： dataCar_claimcst1 $ claimcst0[dataCar_claimcst1 $ area %in% c("A", "B")] by dataCar_
claimcst1 $ area[dataCar_claimcst1 $ area %in% c("A", "B")]

t = -0.096555, df = 1951.2, p-value = 0.9231

alternative hypothesis：true difference in means between group A and group B is not equal to 0

95 percent confidence interval：

-174.9495　158.5311

sample estimates：

mean in group A mean in group B

　　1501.747　　　　1509.957

注意其自由度 df=1 951.2，主要是因为对其方差不等的调整。

代码7-15　两总体均值是否相等（方差相等）

```
#区域 A 与 B 两总体均值检验,使用 Student's T 检验 ,设定 var.equal = TRUE。
t.test(dataCar_claimcst1 $ claimcst0[dataCar_claimcst1 $ area %in%c("A","B")] ~ dataCar_
claimcst1 $ area[dataCar_claimcst1 $ area %in%c("A","B")], var.equal = TRUE)
```

Two Sample t-test

data：dataCar_claimcst1 $ claimcst0[dataCar_claimcst1 $ area %in% c("A"，"B")] by dataCar_
claimcst1 $ area[dataCar_claimcst1 $ area %in% c("A"，"B")]

t = -0.096751, df = 1997, p-value = 0.9229

alternative hypothesis：true difference in means between group A and group B is not equal to 0

95 percent confidence interval：

-174.6104   158.1920

sample estimates：

mean in group A mean in group B

　　1501.747　　　　1509.957

注意上述两种情况下自由度的不同。

7.3.2　多总体均值同时检验

方差分析之后，一般更常用事后成对检验 pairwise.t.test( ) 函数，该检验可以一次实现多对总体同时进行两两检验。

代码7-16　多总体同时两两检验（pool.sd = T）

```
#事后检验
pairwise.t.test(dataCar_claimcst1 $ claimcst0, dataCar_claimcst1 $ area, p.adj = "none")
```

　　　　Pairwise comparisons using t tests with pooled SD

data：dataCar_claimcst1 $ claimcst0 and dataCar_claimcst1 $ area

	A	B	C	D	E
B	0.92	-	-	-	-
C	0.99	0.93	-	-	-
D	0.62	0.57	0.60	-	-
E	0.36	0.41	0.36	0.24	-
F	0.22	0.25	0.21	0.15	0.71

P value adjustment method：none

此时 A 与 B 的 P 值与上面的结果都不相同。这主要是因为 pairwise.t.test 函数的默认参数 pool.sd = T。

代码7-17　多总体同时两两检验（pool.sd = F，var.eq = T）

```
pairwise.t.test(dataCar_claimcst1 $ claimcst0, dataCar_claimcst1 $ area, p.adj = "none", pool.sd
= F,var.eq = T)
```

Pairwise comparisons using t tests with non-pooled SD

data：dataCar_claimcst1 $ claimcst0 and dataCar_claimcst1 $ area

	A	B	C	D	E
B	0.92	-	-	-	-
C	0.99	0.93	-	-	-

D 0. 61 0. 57 0. 60 –   –

E 0. 36 0. 42 0. 36 0. 23 –

F 0. 22 0. 26 0. 22 0. 13 0. 72

P value adjustment method：none

此时 pairwise 的结果即与每个 pair 单独分析的结果一致。如果只设置 pool.sd =
F，则结果与 t. test 默认参数（Welch's T-test）结果一致。要获得单独的标准差估
计而不是汇总的标准差，请使用 pool. SD = FALSE 参数。

代码 7-18　多总体同时两两检验（pool.sd = F）

```
# http://www.360doc.com/content/18/0122/22/33459258_724273367.shtml
pairwise.t.test(dataCar_claimcst1 $ claimcst0, dataCar_claimcst1 $ area, p.adj = "none" , pool.sd
= F)
```

```
        Pairwise comparisons using t tests with non-pooled SD
data： dataCar_claimcst1 $ claimcst0 and dataCar_claimcst1 $ area
   A    B    C    D    E
B 0. 92 –    –    –    –
C 0. 99 0. 93 –    –    –
D 0. 60 0. 56 0. 58 –    –
E 0. 37 0. 42 0. 37 0. 23 –
F 0. 22 0. 25 0. 21 0. 13 0. 71
P value adjustment method：none
```

注意 pairwise.t.test( ) 函数没有数据参数，可以采用 with( ) 函数实现数据参数的
引入。

代码 7-19　成对检验总体均值是否相等

```
#检验
with( dataCar_claimcst1, pairwise.t.test( claimcst0, area, p.adj = "none" ) )
```

```
        Pairwise comparisons using t tests with pooled SD
data： claimcst0 and area
   A    B    C    D    E
B 0. 92 –    –    –    –
C 0. 99 0. 93 –    –    –
D 0. 62 0. 57 0. 60 –    –
E 0. 36 0. 41 0. 36 0. 24 –
F 0. 22 0. 25 0. 21 0. 15 0. 71
P value adjustment method：none
```

p.adj( ) 表示 P 值调整函数，默认值按 holm 方法（"holm"）调整，注意其中
p.adj = "none"表示对 P 值不做修改。那么自然需要考虑的问题就是为什么有些 p-
value 需要修改，在什么情况下需要修改？

因为在多重 T 检验时，当因素的水平较多，而检验又是同时进行的，则多次重复使用 T 检验会增大犯第 I 类错误的概率，得到的"有显著差异"的结论不可靠。为了克服这一缺陷，统计学家提出了多种方法来调整 P 值。

针对 P 值的修改，主要应用于多重检验问题。在方差分析的后置检验问题中，我们往往需要进行多次检验。假设因素有 k 水平，则需要进行的两两检验次数共为 $k(k-1)/2 = m$，假设第 I 类误差的概率 $\alpha = 0.05$，这意味着每 100 个检验中平均可能有 5 个是第 I 类错误，当然至少有一个错误的可能性极大，其相应概率为 $P = 1 - (1 - 0.05)^{100} = 0.9941$，显然这个概率说明，在 100 个检验当中存在错误检验的可能性几乎是肯定的。为了控制这个概率，我们将对单个检验的第 I 类错误的概率降低或者进行调整。

这个概率定义为：在一系列假设检验中，造成至少一次第 I 类误差的概率。称为 Family Wise Error Rate（FWER）。我们的目的是将这一系列的检验看作是一个检验，将其犯错的可能性控制在 0.05 以内。其中最简单的调整方法就是"Bonferroni"，其调整公式为

$$P_{adjust} = m \times p \tag{7-10}$$

代码 7-20　多总体同时两两检验（p.adj = "bonferroni"）

```
with(dataCar_claimcst1, pairwise.t.test(claimcst0, area, p.adj = "bonferroni"))

Pairwise comparisons using t tests with pooled SD
data： claimcst0 and area
    A B C D E
B 1 - - - -
C 1 1 - - -
D 1 1 1 - -
E 1 1 1 1 -
F 1 1 1 1 1
P value adjustment method：bonferroni
```

经过修正后的 P 值会比原来增大很多，降低了拒绝原假设的可能性。这在一定程度上克服了多重 t 检验增加犯第 I 类错误的概率的缺点。从检验结果来看，样本两两之间 t 检验的 P 值都很大，说明几个样本之间差异不明显。

我们可以通过模拟实验来说明这个观点。

代码 7-21　多总体同时两两检验的模拟实验 I

```
# create data for two groups, equal mean
get_p_val = function() {
    y = rnorm(20, mean = 0, sd = 1)
    g = c(rep("A", 10), rep("B", 10))

    # p-value of t-test when null is true
    glance(t.test(y ~ g, var.equal = TRUE)) $ p.value

}
```

```
set.seed(1337)
# FWER with 100 tests
# desired rate = 0.05
# no adjustment
mean(replicate(1000, any(replicate(100, get_p_val()) < 0.05)))
```

[1] 0.994

代码7-22　多总体同时两两检验的模拟实验Ⅱ

```
# FWER with 100 tests
# desired rate = 0.05
# bonferroni adjustment
mean(replicate(1000, any(p.adjust(replicate(100, get_p_val()), "bonferroni") < 0.05)))
```
[1] 0.058

TukeyHSD 是一个更好的事后检验。因为它可以给出均值差异的区间估计。

代码7-23　TukeyHSD 的结果

```
TukeyHSD(car_aov, conf.level = 0.95)
```

Tukey multiple comparisons of means
　　95% family-wise confidence level
Fit: aov(formula = claimcst0 ~ area, data = dataCar_claimcst1)
　$ area

	diff	lwr	upr	p adj
B-A	8.209175	-232.6796	249.0979	0.9999988
C-A	1.213886	-219.1257	221.5534	1.0000000
D-A	-51.413724	-346.5636	243.7362	0.9963049
E-A	103.231129	-221.3993	427.8616	0.9449476
F-A	159.268537	-211.6468	530.1839	0.8251495
C-B	-6.995289	-235.0389	221.0483	0.9999993
D-B	-59.622898	-360.5678	241.3220	0.9932401
E-B	95.021954	-234.8861	424.9300	0.9637236
F-B	151.059362	-224.4836	526.6024	0.8616968
D-C	-52.627609	-337.3906	232.1354	0.9951162
E-C	102.017243	-213.1992	417.2337	0.9408038
F-C	158.054651	-204.6500	520.7593	0.8159322
E-D	154.644853	-216.7382	526.0279	0.8431975
F-D	210.682260	-201.7721	623.1367	0.6922485
F-E	56.037408	-378.0019	490.0767	0.9991216

该结果不仅给出两两总体均值检验的 P 值，而且给出两总体均值的差异以及差异的估计区间。值得注意的是最后一列给出的两两检验的 P 值均不相同。为直观的

保险统计学实验教程

查看上述结果，给出其结果的散点图如下：

代码 7-24   TukeyHSD 的散点图

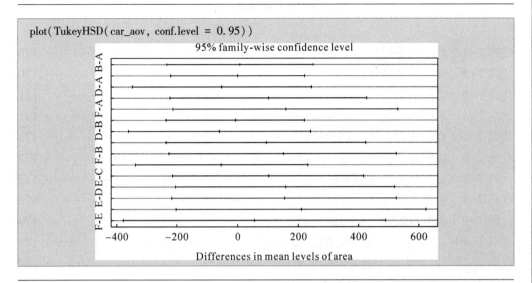

```
plot(TukeyHSD(car_aov, conf.level = 0.95))
```

本章代码索引

保/险/统/计/学/实/验/教/程

参考文献

[1] 朱建平，孙小素. 应用统计学 [M]. 北京：清华大学出版社，2009.

[2] 袁加军，朱建平. 统计基础实验 [M]. 厦门：厦门大学出版社，2010.

[3] 茆诗松，周纪芗，张日权. 概率论与数理统计（第四版）[M]. 北京：中国统计出版社，2020.

[4] 盛骤，谢式千，潘承毅. 概率论与数理统计（第三版）[M]. 北京：高等教育出版社，2003.

[5] 陈秀平，徐徐，马万. 概率论与数理统计实验教程：基于 Excel 和 R 语言 [M]. 北京：经济科学出版社，2019.

[6] 黄文，于正林。数据挖掘：R 语言实战 [M]. 北京：电子工业出版，2014.

[7] 李倩星. R 语言实战：编程基础、统计分析与数据挖掘宝典 [M]. 北京：电子工业出版社，2016.

[8] 方红，概率论与数理统计基于 R 语言 [M]. 上海：上海财经大学出版社，2020.

[9] 欧诗德. 基于 R 的概率论与数理统计 [M]. 北京：北京理工大学出版社，2019.

[10] 桂文豪，王立春. 概率论与数理统计学习辅导及 R 语言解析 [M]. 北京：北京交通大学出版社，2017.